早稲田社会学ブックレット
［社会調査のリテラシー　2］

西野　理子

社会をはかるためのツール
——社会調査入門

学文社

はじめに

　世の中には調査があふれている（本書での調査は，アンケート型，計量タイプのものを主として想定している）．新聞を開けば各種の世論調査や研究所の調査，政府官庁が実施した調査の結果があちこちで報告されている．テレビで流される毎日のニュースや特番番組でも，内閣支持率，失業率，犯罪傾向といった多種多様な数値結果が，世の中の動向をとらえる手がかりとして示されていく．バラエティ番組でも，「〇〇駅前で奥様100人に聞きました」「知名度チェック」といったキャッチコピーのもと，まことしやかな数値が調べて確かめられた結果として報道される．こうした数値は，調べた結果だといわれたとたん，その内実を問われることなく受け入れられ，いつのまにか事実として人びとに認識されていく．

　「調べ」たら，世の中のことはわかるものだろうか．「調べ」さえすれば，世の中のさまざまな事象を正確にとらえることができるものだろうか．その「調べる」の中身がまずは問われるべきであろう．本ブックレットでは，「調べる」という認識枠組みにおいてどのような知識が必要とされるのかを説明していく．また，認識のための作業において，どのようなことをしていかなければならないのかを具体的に紹介していく．

　本ブックレットは，次の読者のために書かれている．第一には，調査の現場に携わる調査の入門者たちである．大学の調査実習の授業で調査の実体験をしようという学生，あるいは，初めて調査をする立場に立たされた調査担当者たちが，現場でとまどうことのないよう，具体的なノウハウを伝えたい．第二に，社会調査の情報の受け手である．行政や企業の場で各種の調査結果を利用しようとする者から，一介の読者・視聴者としてマスコミから流される情報を手に取る者まで，誰もが情報の受け手になりうる．流されてくる情報を無批判に受け入れるのでは，間

違った情報に振り回されたり，あるいは自身がひるがえって誤報の発信者になりかねない．手に取った情報が，どのようにして生み出されたものであるのか，それを見定めることができるような知識を身につけてもらいたい．

　社会調査の結果は，無批判に「事実」に置き換わりがちである．換言すれば，大勢を相手に調べたところで得られた数値だという理由だけで，その数値が事実を表わしているものだとたやすく受け入れられがちである．しかしながら実際は，出したい結果を出すための調査も行われている．白という結果を出したかったら，本当は黒であっても結果を白にすることは，技法さえ知っていれば，実は朝飯前である．もちろん，本書を手にとった人に，数値を好きなように改変する玄人になってもらいたいのではない．調査の現場のもつ臨場感や人とのふれあいの奥深さに思いを馳せながら，調査の何たるかを理解していただければ，思い通りに数値をあやつろうなどという気は失せてしまうであろう．むしろ，社会調査が切り取ってくる現実と，切り取れない現実との深みに，人のなせる技の可能性と限界とを読み取っていただけるものと期待している．

　2008 年 4 月

著　者

目　　次

はじめに	1
第1章　調査デザインの選択	7
1.1　仮説検証型と事実発見型 ・・・・・・・・	7
1.2　仮説の構築 ・・・・・・・・・・・・・・・・・・	8
1.3　目的に応じた調査のターゲットの設定 ・・・・・・・	9
1.4　時間軸の設定 ・・・・・・・・・・・・・・・・	9
第2章　仮説から変数へ	11
2.1　仮説から概念，変数へ ・・・・・・・・・・・	11
2.2　仮説における変数 ・・・・・・・・・・・・・・	12
2.3　変数の操作化 ・・・・・・・・・・・・・・・・	13
第3章　調査の実施方法の決め方	15
3.1　調査の実施方法の種類 ・・・・・・・・・・・	15
3.2　目的に応じた組み合わせを ・・・・・・・・・	23
第4章　対象標本の設定	25
4.1　対象を決める ・・・・・・・・・・・・・・・・	25
4.2　母集団の設定 ・・・・・・・・・・・・・・・・	26
4.3　標本の設定 ・・・・・・・・・・・・・・・・・	27
第5章　標本の抽出	29
5.1　標本は母集団の代替 ・・・・・・・・・・・・	29
5.2　無作為抽出と有意抽出 ・・・・・・・・・・・	30

5.3　有意抽出という方法 ・・・・・・・・・・・ 31

第6章　無作為抽出の方法　33

6.1　抽出のためには ・・・・・・・・・・・・・・・ 33
6.2　無作為抽出の方法 ・・・・・・・・・・・・・・ 34
6.3　典型的な層化2段抽出法 ・・・・・・・・・・・ 35
6.4　現場での具体的な抽出方法 ・・・・・・・・・・ 37

第7章　調査票のつくりかた：体裁と質問文　39

7.1　調査票の種類 ・・・・・・・・・・・・・・・・ 39
7.2　調査票の体裁 ・・・・・・・・・・・・・・・・ 40
7.3　質問文作成上の注意 ・・・・・・・・・・・・・ 40

第8章　調査票のつくりかた：回答の選択肢　45

8.1　回答方式の種類 ・・・・・・・・・・・・・・・ 45
8.2　選択肢の種類 ・・・・・・・・・・・・・・・・ 45
8.3　用　　語 ・・・・・・・・・・・・・・・・・・ 46
8.4　尺度の作成 ・・・・・・・・・・・・・・・・・ 48
8.5　単一指標による測定と複数指標による測定 ・・・ 49

第9章　調査の流れ　51

9.1　企画と予備的な調査 ・・・・・・・・・・・・・ 51
9.2　標本抽出の現場 ・・・・・・・・・・・・・・・ 52
9.3　実査に向けて ・・・・・・・・・・・・・・・・ 53
9.4　挨拶状の発送 ・・・・・・・・・・・・・・・・ 54
9.5　謝　　礼 ・・・・・・・・・・・・・・・・・・ 54

第10章　面接・留置調査と郵送調査の実際　55

10.1　面接調査の準備 ・・・・・・・・・・・・・・ 55

10.2 面接調査の現場で	56
10.3 留置調査の現場で	57
10.4 郵送調査の現場で	58

第11章 調査票を回収したら   59

11.1 有効票の確認	59
11.2 エディティング	59
11.3 データクリーニング	61

第12章 調査票からデータへ   63

12.1 コーディング	63
12.2 複数回答の処理	64
12.3 データの入力	65
12.4 フィールドノーツとコードブックの作成	66

第13章 回収率   67

13.1 回収率の報告	67
13.2 回収率の低下という問題	68
13.3 回収率低下の原因	68
13.4 回収率の低下を防ぐには	69

おわりに   70

参考文献   71

第1章 調査デザインの選択

1.1 仮説検証型と事実発見型

　何か知りたいことがあるから調査をするのであって，やみくもな調査は行うべきではない．調査には明確な目標と，そのための綿密な計画が必須である．といっても，明らかにしたい点が事前にかなり明白になっている調査と，それほど明白になっていないからこそ実施する調査とがある．

　前者の代表が，**仮説検証型**の調査である．「父親の生業とその子の生業とは関連がある」「きょうだいが多いと学歴達成が阻害される」「共働きの既婚男性の家事時間は，妻が専業主婦である男性の家事時間とかわらない」など，「AはBである」という仮説が事前に立てられており，それをデータを収集して検討しようというものである．

　一方で，「近年，女性が平均初婚年齢を超えてもなかなか結婚しないのはなぜだろうか」「世界遺産に選ばれると，該当の観光地はどのような変化をこうむることになるのだろうか」「ホームレスと呼ばれる路上生活者たちはどのような暮らし方をしているのだろうか」「女子高校生たちはどんな基準で服飾品を選んでいるのだろうか」というように，仮説にならない問いもある．こうした問いを探求的に調べようという**事実発見型**の調査もある．

　調査のねらいが事前に明白であるほど調査の企画はたてやすい．大掛かりな調査を実施しようとするなら，関心をよせている領域について事

前に丹念に調べ，すでに行われている関連する調査の結果を理解したうえで，今回の調査で明らかにしたいことを仮説にたてる．そして，その仮説を検証できるような調査計画を練る．一方で，仮説をたてられないからこそ取り組む課題もあり，探索的な調査にも独自の意義がある．要は，調査の目的にあった調査デザインを選択することが肝要となる．

1.2 仮説の構築

調査の目的が事前に明確な場合，検討したい点を仮説にしておくとよい．**仮説**は，仮にこうなっているのではないかという事前の予想を文章にしたものである．あくまで仮の説であるので，仮説は反証されていい．むしろ，あらかじめ抱いていた仮説が反駁された方が意外なリアリティに接近する可能性が開けるほどである．

仮説は，調査の目的がどの程度明確にされているかによって，抽象度の高い概念で表現されるものから，きわめて具体的な水準の表現のものまで多岐にわたる．抽象度の高い概念のままで調査に適用することはできないので，最終的にはすぐに調べられるような形に変形していかなければならない．概念の抽象度を下げた**作業仮説**を設定するとよい．

もっとも単純な仮説は，1つの概念の状況に関するものである．たとえば，「保守党の支持率が高い」「中学生のお小遣いの平均は○円である」というように，なにか1つのことの状況を明らかにしたい場合である．

通常，社会の状況を理解するには複数の概念を組み合わせて考えていく．そのなかでもっとも単純な仮説は，2つの概念間の関連に着目することになる．「忘れ物が少ない子ほど成績がよい」「雨が降ると投票率が低下する」などの例がある．ついで，3つの概念，4つの概念・・・と，含める概念を多くした仮説ができる．概念間の関連も，「雨が降ると，政治的流動層の投票率が下がる」というように，条件付きのかたちで仮

説をたてることもできる.

1.3 目的に応じた調査のターゲットの設定

知りたいことがある以上，知りたいことを知りたい相手にきくことになる．知りたいことを調査できる水準にまで整理しておくこと，知りたい相手を具体的に，かつ，実現可能な程度に明確にしておくことが必要になる．知りたい内容については第 2 章で，知りたい相手については第 4 章でとりあげる．

1.4 時間軸の設定

ここで，調査の時間軸について整理しておこう．時間軸には 2 つの水準がある．1 つは，調査の内容に時間軸を持ち込むか否かである．たとえば，調査時点の「現在の」生活の満足度やその時就いている仕事の有無や内容など，その時点の状態をたずねる調査もあれば，それまでに経験した転職の回数や，学校卒業後に初めて就いた仕事についてたずねる調査もありうる．すなわち，調査時点のことをたずねるのか，調査時点外の過去や未来のことまで含めてたずねるのか，ということである．

2 つめは，調査自体を複数の時点で実施するか否かである．たとえば，参議院選挙実施による内閣支持率の変化をみたい場合，選挙実施前と後の 2 時点で調べることになる．地震等の災害が発生した後，被災住民の不安を調査し，それから数ヵ月おいて後にまた調査するなども，時間軸を組み込んだ調査デザインである．

1 時点のみの時間を含むことを横断的視点，複数時点を含むことを縦断的視点と表現できる．ある 1 時点で，その時のことのみをたずねるのが純粋な意味での**横断調査**である．ただし，過去の時点のことにどの程

度満足しているかという評価や，これからの生活見込みや将来の夢などは，過去や未来に関する事項とはいえ現時点での評価であり，現時点の横断的調査項目である．

実際には，調査内容に縦断的視点が盛り込まれていながら，調査自体は1時点で，すなわち横断的視点で行われることが多い．複数時点に関する事項を1時点で一度にたずねてしまうわけである．この場合，過去のことをたずねるのであるから，回顧法による調査になる．

調査内容はその時点のことだけを尋ねる横断的視点で作成されていても，その調査を複数時点で実施することにより，全体として縦断的に構成されていることもある．たとえば政党支持率などは，調査実施時点の支持率を問う横断調査であるが，ある一定期間をおいて何回も継続して調べられている．横断調査を継続して実施することにより，それが**縦断調査**になっているといえよう．国民全体や20～39歳の男女など，同じ属性をもつ集団に横断調査を継続して実施するデザインを**トレンドサーベイ**とよぶ．

そのなかでも，同一対象者に何度も調査を繰り返すデザインをとくに**パネル調査**とよぶ．この場合，同一対象者を追跡していくことにより，逐次的に時間情報を収集するデザインになる．

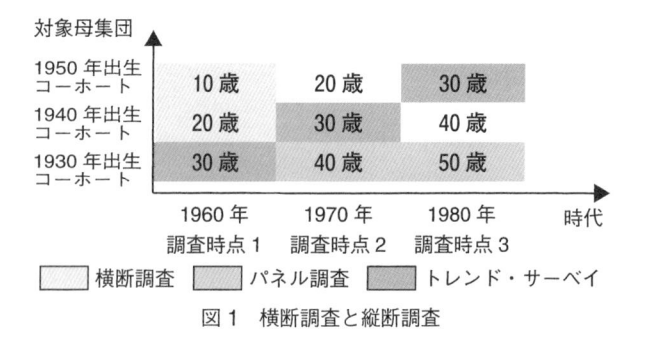

図1　横断調査と縦断調査

第2章 仮説から変数へ

2.1 仮説から概念，変数へ

　すでに述べたように，調査の目的は仮説として表現されうる．その仮説は，1つの**概念**の状態，ないしは，複数の概念間の関連である．ゆえに，仮説を検証するためには，仮説を構築する前の段階で，仮説を構成している各概念を正確に規定しておかなければならない．

　概念と一言にいっても，きわめて抽象度の高いものから低いものまで幅広い．抽象度の高い概念であるほど，それを用いた仮説が範疇とする領域は一定の広がりをもちやすいが，一方で具体的な調査の現場では適用しにくく困ることになる．抽象的な概念を調査に適用するには，概念の抽象度を下げ，調査で実際に用いる**下位概念**に置き換えなければならない．たとえば，対象とする範囲の人たちのなかでどの程度の人びとが健康かどうかを知りたいとする．健康というのがここで仮説を構成している概念である．しかしながら，健康といっても，疾病にかかっておらず傷害を抱えていないことをさすのか，元気に過ごしていることをさすのか，あいまいである．調査するには，たとえば健康を「疾病・傷害がないこと」と，「身体的な状態の評価」と「心理的・精神的な状態の評価」という下位概念にわける．さらに，「身体的な状態の評価」であれば，「よく眠れるか」「適正な体重を保っているか」「肩凝りや腰痛がないか」といった**変数**に細分化していくと，そこでようやく具体的に調べることができる．抽象度の高い概念を，調査に適用する下位概念に限定

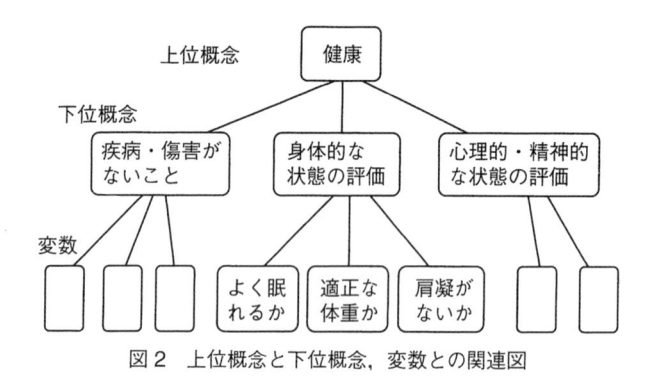

```
            上位概念    ┌──────┐
                      │ 健康 │
                      └──────┘
        下位概念    ┌─────┬──────┐
          ┌─────────┐ ┌─────────┐ ┌─────────────┐
          │疾病・傷害が│ │身体的な │ │心理的・精神的│
          │ないこと   │ │状態の評価│ │な状態の評価  │
          └─────────┘ └─────────┘ └─────────────┘
```

図2 上位概念と下位概念，変数との関連図

し，さらに測定可能な変数に加工していく．

2.2 仮説における変数

抽象度の高い概念によって構成された仮説も，それぞれの概念を明確に限定していくにしたがって，最終的には具体的な変数で構成される仮説に変換される．**作業仮説**である．もっともわかりやすい作業仮説は，「AならばB」と変数Aに応じて変数Bが変わる形式に定めるものである．概念を変数AとBに置き換えた上で，その2つの概念間の関連を変数AによってBが変わると仮定する．たとえば，「身長が高いほど心肺機能も高い」「授業への出席率が高いほど成績がよい」というようにである．このとき，変化を引き起こす側の変数Aを**独立変数**ないしは**説明変数**という．変化してしまうかもしれない側の変数Bは**従属変数**ないしは**被説明変数**である．Aを独立変数とよぶ場合はBを従属変数と，Aを説明変数とよぶ場合はBを被説明変数とよぶ．ただし，この2変数間の関連は因果関連とは限らない．あくまで2変数間の連関だという点を忘れてはならない．

2.3 変数の操作化

　調査にすぐ用いることができるように変数を定めることを，**変数を操作化**すると表現する．変数を客観的に正確にとらえられるようにしておくということである．では，概念を変数に変換し，調査に適用しやすくしていくとはどういうことか．具体例に応じて説明しておこう．

　「働いている」人がどの程度いるか知りたいとしよう．まずは「働いている」を明らかにしておかなければならない．「あなたは働いていますか」とたずねて本人の認知に任せるという方法もあるが，その場合は本人が自らの就労状態をどのように把握・認知しているかを調べたことにしかならない．人が働いているかを客観的にすべての人に同じ水準でたずねるためには，働くという概念を調査で使い勝手のいいものに，かつ，誰もが疑問をもたなくてもいいように操作化しておかなければならない．学生のアルバイトは入るのか，夜間部の学生の場合はどうか，趣味程度に近所の子にピアノを教えているケースはどうか，定年後に顧問になったが会社には年に数回しか出ていないケース，ボランティアでNPOを手伝っているがある程度の報酬はもらっているケース・・・と枚挙に暇がないが，いずれのケースに対しても，一貫した価値基準で「働いている」「働いていない」と判断できなければならない．

　多くの就労調査では，働いている状態を「なんらかの労働をして，その対価として報酬を得ている」と操作化している．単に「労働をしている」ではないので，主婦は入らない．「職業に属している」でもないので名誉職は入らない．「対価として報酬を得ている」ので，必ずしもその労働に見合った報酬を得ているわけではないシルバー・ボランティアは，たとえ少額でも報酬をもらっていれば働いていることに含まれる．

　また，日頃は働いていたが，ちょうど調査時点で勤め先をやめたばか

りのケース，逆に働き始めたケースをどのように扱うかという問題も，事前に操作化しておかなければならない．日本の雇用に関する全国統計の1つである＜労働力調査＞は，毎月の就業・不就業の実態を明らかにするため，毎月末に調査を実施し（12月は26日実施），毎月の末日に終わる1週間の状態をきいている．その1週間で変化が生じた場合は，長い方の期間の状態をとる．一方，5年に1回実施している＜就業構造基本調査＞では，調査実施時まで1年間を通じた普段の状態をたずねている．すなわち，＜労働力調査＞では調査期間中の実態（アクチュアルベースの測定）で，＜就業構造基本調査＞では普段の状態（ユージュアルベースの測定）である．

同じく働き方として「パート労働」をとらえるにしても，なにをとらえたいのかという調査の目的によって，パートを雇用形態で区別するのか，就労時間や日数で区別するのか，あるいは，報酬の算出形態（月給か時給か）か，保障上か，と操作方法がわかれてくる．

逆に働いていない者をとらえようとしたとき，＜労働力調査＞で算出された「失業者」は「仕事についていない」「仕事を探している」「就労可能である」という3つの条件を満たす者である点に注意が必要になる．同じように働きたいと願っている人であっても，ハローワークに行くと失業者になり，行かないと「無業者」と判断されている．公表されているデータでも，どのように操作化がされているかまで把握しておかなければ実態を見誤ることになる．

第3章 調査の実施方法の決め方

3.1 調査の実施方法の種類

　調査の実施の方法にはいくつかの種類があるが，そのわけ方も複数ある．まず，調査票への記入を対象者本人が行うかどうかによって，**自記式**と**他記式**とに分けられる．調査票を郵送で対象者に送って記入してもらう場合は，必然的に自記式になる．一方で，調査員が対象者宅を訪問して調査を行う場合には，対象者に調査票を渡して記入してもらう自記式もできるが，その場で調査員が調査票を読み上げて質問しながら記入していく他記式をとることもできる．郵送やインターネットでの調査は自記式となるが，電話で調査すると，電話口で調査員が質問をして回答をきき取ることになるので他記式となる．

　もっともよく使われているのは，調査票の配付や回収の方法による分類法である．①**面接**，②**留置**，③**郵送**，④**電話**，⑤**集合**，⑥**託送**，⑦**インターネット**，の7種類があげられる．それぞれに長所・短所があり，調査の意図や実施条件に応じていずれの方法をとるかを選ぶことになる．長所・短所を，a) 回答内容の信頼性，b) 調査の量的制約，c) 調査員の影響，d) 費用，e) 回収率（回答の返却率）の5点から指摘する．a) 回答内容の信頼性が高く，b) 量的制約が小さくてすみ，c) 調査員の影響がなく，d) 費用がかからず，e) 回収率が高いのが，条件のいい望ましい調査である．

　① **面接調査**：調査者と被調査者が面会して行う調査である．調査員

が対象者の自宅や職場を訪問するか,あるいは,対象者にいずれかの場所に来てもらうことが多い.a) 顔を合わせた場で,相手が対象者本人かどうかを確認し,対象者からの質問も随時受けながら調査することができるので,その場で得られた回答の信頼性はきわめて高い.b) 会って調査に協力いただける時間には限りがあるが,あらかじめ訓練を受けた調査員が臨機応変に調査を進めれば,調査に盛り込むことができる量は比較的多くできる.なによりも,調査員がその場にいるので,ある程度複雑な内容を含めることができる点がこの方法の強みとなる.

ただし,c) 面会ゆえに調査員の影響が調査結果に及ぶ可能性が生じる.たとえば,黒人大統領の誕生の可能性を,黒人調査員がたずねた場合と白人調査員がたずねた場合とでは結果が変わってくることが知られている.このような調査員による**バイアス**はできる限り排除しておくべきである.また,面会ではとりわけ,調査する側とされる側との間に良好な関係である**ラポール**を築くことが調査の成否をにぎるが,両者の関係が過度に親密になって(オーバーラポール),対象者が調査者の意図に沿うよう回答を曲げてしまっては逆効果でもある.

d) 面接調査は一件一件に人手と時間がかかるので,きわめて費用が高い.それでも,e) さまざまな調査方法のなかでは相対的に回収率が良好で,伝統的には頻繁に用いられてきた手法である.対象者に会うことさえできれば,直接に協力をお願いして答えてもらえることが多かった.しかしながら近年では,会うこと自体が疎まれる傾向にあり,面接法の実施は難しくなってきている(この点については第13章で詳述する).

② **留置調査**:調査員が対象者に調査票を届け,対象者のところに調

査票を留め置いて，後日回収する方法である．調査票への記入は，留め置いている間に対象者が行う自記式となる．a) 面接のように調査員の目の前で調査が行われるわけではないので，誰が回答を記入したかは確かめようがない．しばしば，夫が対象者であるのに，妻が代わりに回答してしまうことなどが起こりうる．対象者のところまで出向くので，対象者に会って回答を依頼する等の注意をして，回答の信頼性を高める必要がある．

b) 留置法の最大の長所は，対象者が都合のいいときに答えてもらえるので，ある程度の量の内容を盛り込むことができる点である．依頼時に会って注意を喚起することも可能なので，多少複雑な内容まで調査できる可能性もある．調査員が直接には聞きにくいことも，留置であれば調査票に含めることができる．たとえば，夫婦間の性的満足度や貯蓄の有無などである．また，c) 調査員は調査票の受け渡しに立ち会うだけになるので，面接法に比べれば調査員の影響はない．協力依頼に影響する範囲にとどまる．ただし，d) 一件一件を訪問して依頼し，後日また訪問しなければならないので，人手と時間がかかる．面接ほどではないが，費用は高額になる．e) それでも，対象者にとって面接より簡便であるため，面接よりさらに高い回収を見込むことができる．それゆえ，留置法も，信頼できる調査方法の1つとして多用されている．

③ **郵送調査**：郵便で調査票を送付したり回収したりする方法である．a) 郵便では調査票が確実に対象者のところに届いているかどうかわからず，また，対象者自身が回答しているかどうかもわからないので，えられた回答の信頼性は高いとはいえない．返却された回答に回答漏れや疑問な点があっても，確かめる術がなかったり（匿名で郵送返却の場合），あるいは確かめるには多大な労力がかかっ

たりする（郵送で疑問点等のやり取りをしなければならない）．b) 郵送して対象者の自由な時間に自記式で答えてもらうことになるので，ある程度の量の調査内容を依頼することは可能だが，現実にはあまり量は増やせない．分厚い調査票が送られてきたら，対象者は回答する気力を失って拒否を招くばかりだからである．また，自記式になるので，複雑なたずね方は採用できない．きわめて単純な構造で回答しやすい調査票を工夫する必要がある．

c) 郵送では，対象者は調査員に会うことがないので，調査員の影響はほとんど考えなくていい．さらにこの方法のよい点は，d) 費用が比較的かからない．郵送の実費ならびに封入作業等の人件費はかかるが，訪問面接等と比べれば必要な人的費用はごく少額ですむ．とりわけ広域で大量の調査を簡便に行うには郵送が適しており，この方法は企業調査等で広く活用されている．しかしながら，e) 最大の短所は，回収率が低いことである．郵便で届いた依頼は，比較的簡単に忘れられてしまったり，大量に届くダイレクトメールにまぎれて捨てられてしまうこともある．簡便に実施できる分，回収に問題があることを忘れてはならない．

④ **電話調査**：その名のとおり，対象者のところに電話をかけて質問する調査方法である．d)1件のデータを得る実費として電話代ですみ，きわめて安くできる．調査する側は電話機の前に座って次々と電話をかけることになるので，人手はあまりかからない．電話したその場で回答が得られるので，短時間で結果が回収でき，時間的な費用もかからない．総じて安く調査できるので，マスコミの世論調査でも多用されている方法である．

しかしながら，a) 電話口での応対に限られるので，誰かが（わざとであったり，間違ってであったり）対象者になりすましてしまって

も,それを見抜くことはほぼできない.電話口の相手を信頼するしかないという意味では,回答の信頼性は他の方法と同等に低い.b) 電話口で回答してもらえる範囲になるので,たずねることができる質問の量も限られる.通常は,せいぜい 20 問ぐらいであろう.c) 電話口での応対ではあるが,調査員が対象者に直接に話しかけるので,調査員の影響は小さくない.調査員の話しぶりや表現は直接に対象者の受け答えを左右する.さらに,e) 電話では回答が得られる率がきわめて低い.郵便と同じく電話での依頼は断りやすく,また,数多くかかってくる売込み等のあやしげな電話と混同されやすい.

従来の電話調査は,電話帳から選んで電話をかけるというものであった.そのため,電話帳に掲載されている者しか選ばれないという欠点があった.電話帳未掲載の世帯が増加したことにより,この方法の欠点は見逃せなくなっていた.そこで,近年採用されているのが **RDD**(ランダム・デジット・ダイヤリング)である.コンピュータを用いて電話番号を乱数で発生させて,自動的にダイヤルし,応答があったところで調査を依頼するものである.

⑤ **集合調査**:対象者を一箇所に集めて一斉に実施する方法である.集会所等に近所の人に集まってもらって調査票を配布し,その場で回答を記入してもらうケースや,大学で授業をしている教室に行って受講生に協力を依頼する方法などがあげられる.

a) 対象者が集まっている場所に出向くにせよ,指定した箇所に集まってもらうにせよ,調査者がいる場所に対象者本人を集めてその場で回答してもらうので,悪質ななりすましを除けば,本人の回答であることは間違いない.また,その場で質問を受けられるので,回答内容の信頼性も高い.b) 集まってもらった場所で調査に

かけられる時間には限界があるが，その範囲内であれば，ある程度の量の調査ができるので，他の方法に比べれば量的制約は小さい．また，c) 調査員が同席するのでその影響はあるものの，集まった対象者全体に同じ影響が及ぶので，回答に与えるゆがみは同じものになるはずである．であれば，分析の段階でその影響を考慮することができる．d) 多くの場合，費用もそれほどかからない．対象者が集まっている場所に調査員側がでかけていくケースであれば，謝金と交通費程度ですむ．集まってもらう場合でも，遠方からの交通費がかさむ程度で，何度も調査員が出向くことになる面接や留置と比較して低額ですむ．e) 回収率も，集まってさえもらえれば，その場にいる全員から回収できるので，非常に高い．

以上のように，集合法はきわめて利点の多い方法であり，もともと人が集まる集会や学校などではしばしば活用されている．しかしながら，集合法が採用できる環境は限られてくる．そして，調査に真険に取り組むか気楽に答えるか等，集合場所を支配していた雰囲気が調査結果を左右することになる．また，集まった人しか回答しないので，協力しようという熱意がもともとある人ばかりとか，時間的余裕がある人ばかりなど，回答にゆがみが生じる可能性も考えられる．たとえば，ある運動に賛同する人ばかりが集まっている集会で調査をしても，その運動に賛成する意見が顕著になるのは当たり前の事実である．出席率の悪い授業の場で調査をすれば，出席率のいいまじめな学生の動向だけが浮かび上がってくるのは必然である．こうした回答者のもつゆがみをあらかじめ検討しておくことが必要になる．

⑥ **託送調査**：既存の集団や組織に調査票を委託して配布してもらう方法である．学校で先生を通じて児童・生徒に配布し，自宅に持ち

帰ってもらって親に記入を依頼する方法などがこれに該当する．会社を通じて社員に配布してもらう場合もある．a) 調査票を託すことになるので，回答内容の信頼性は低い．返却された回答について問い合わせることも，通常は見込めない．b) 対象者が自宅等に持ち帰って自由な時間に記入することができるという点では，質問量の制約は他の調査ほど大きくはない．d) 費用も，委託経費が莫大にかかるのでなければ，それほどかからない．

c) 委託してしまうので調査員の影響が直接に及ぶことはない．ただし，委託先の影響は考慮しておく必要がある．たとえば，会社の人事部を通じて社員に配布すれば，対象者の側は人事部から依頼されたものと誤解しやすい．会社への不満・批判を吐露することは避けられるであろう．学校の先生を通じて配布・回収する場合でも，先生への不満は抑制される可能性が出てくる．調査の意図と秘密厳守の鉄則をわかりやすく説明しておくことがとりわけ重要となる．

e) 回収率は，委託先の組織や状況によって異なってくる．学校に委託して学校が組織として協力した調査であれば，先生を通じてほぼ確実に児童・生徒の保護者に手渡されることが見込めるだろう．だが，非協力的な会社に委託して，たとえば社内の一部に協力依頼文とともに「ご自由にお取り下さい」と積んであるだけであったら，回収率はきわめて低いものになってしまう．委託して任せてしまうのではなく，委託後にどのように配布・回収がされるのかを見届けなければならない．

⑦ **インターネット調査**：インターネットで行う調査である（ウェブ (Web)調査ともいう）．調査側がメールを送って協力を依頼する「プッシュ型」と，ホームページ等で呼びかけて応募してもらう「プル型

（応募法）」とがある．前者は，調査会社等の「モニター調査」で使われている．

　インターネットの使用者に対象が限られるので，インターネットがそれほど普及していない時点では，問題の多い方法であった．近年，スマートフォンやPC利用者が増え，インターネットの普及が進んできたのにしたがって，盛んに活用されるようになってきている．なによりも，d) 費用が相対的にかからない．インターネットでの回答をそのまま保存すれば，データの入力もすんでしまう．b) インターネット上では，紙媒体以上に入力方法を工夫することができるので，回答順序が変わるなどの複雑な質問形態でも対応可能となる．回答しやすくなるので，調査の量的制約も比較的少なくなる．c) 調査員の影響も考えなくてよい．しかしながら，a) 他の調査法以上に，回答内容の信頼性は低い．インターネット上ではなりすましの事例が多くあり，本人が回答しているかどうかの確証は得られない．わざと事実と異なる回答をするいたずらの事例も概して多い．なによりも，e) 回収率が低い．回収率が算出不能なケースも多い．

　安価ですばやく実施できるインターネットを利用した調査は，今や幅広く活用されている．企業が多用している「モニター調査」では，回答候補者があらかじめ登録されており，必要に応じていつでも回答してくれる態勢になっている．調査会社がさまざまな属性の回答者をプールしているケースも多い．こうした調査では，代金さえ支払えば要望に応じた回答数をすぐにそろえてもらえるが，その回答がなんらかの母集団を従来調査と同様の意味で代表するものではないことをよく理解しておく必要がある．インターネットのプラットフォームで自由に調査を設計し，回答協力をよびかけるものも多々おこなわれているが，それも対象母集団や標本抽出という考え方にたつものではない．

表1 調査の実施方法の分類とそれぞれの長所・短所の一覧

	a) 回答内容の信頼性	b) 調査の量的制約	c) 調査員の影響	d) 費用	e) 回収率
①面接	高い◎	比較的小さい○	ある×	高い×	高い○
②留置	高い△	小さい◎	なし○	高い×	高い○
③郵送	低い×	比較的大きい△	なし○	低い◎	低い×
④電話	低い×	大きい×	ある×	低い◎	低い×
⑤集合	高い○	比較的小さい○	均一○	低い○	高い○
⑥託送	低い×	比較的小さい○	委託先の影響ある×	低い○	場合による△
⑦インターネット	低い×	小さい○	ない○	低い◎	低い×

しかしながら,「標本抽出が不適切だからインターネットで調査はすべきではない」と主張することはもはや難しい. 2019年通信利用動向調査によれば,インターネットを日常的に使っている人は13〜49歳で95％を超え,50歳代で9割を超えるという. インターネット調査の特性を正しく理解し,状況に応じて活用すべきであろう. ただし,安易な活用からはなんの結果も得られないことを,深く理解しておくべきである.

3.2 目的に応じた組み合わせを

なるべく大勢に単純な質問をする方がいいのか,それとも,人数はそれほど多くなくてもいいから詳しい話を聞きたいのかというように,上記の条件の優先順位は調査の目的に応じて決まってくる. 万全な方法は残念ながらないので,優先順位の高い条件を守ることができる方法を採択する. もちろん,人的資源や時間,金銭的費用をどれほど投入できる

のかという，実施要件もある．最善の方法も，それを実現できなければ意味がない．

また，上記の調査方法は，組み合わせても用いられる．対象者宅を訪問して調査票を留置き，後日郵送で返却してもらう方法（留置配布 → 郵送回収）や，最初は面接で複雑な部分の質問をし，その後で調査票を留め置いて，残りの自記式が適した部分は後日時間があるときに記入しておいてもらうといった方法（面接配布 → 留置回収）である．

最近は，複数の方法を併用する**マルチメソッド化**を採る調査が増えている．たとえば，留置で配付・回収するが，希望者あるいは訪問が不可能な対象者には返信用封筒を渡し，郵送で返却してもらう．留置きに一部郵送を併用するわけである．あるいは，郵送調査を行い，希望者にはインターネットでも回答できるようにしておく．国勢調査も，以前は訪問留置，訪問回収であったが，2015年時点調査では3分の1以上がインターネット回答であったという（総務省統計局　平成27年国勢調査の実施状況）．

マルチメソッド化は，近年の回収率の低下を受けて，少しでも回収を増やすために編み出された工夫であるが，異なる方法によって得られた結果を無批判に同一に扱っていいかどうかは検討が必要である．得られたデータがどの方法によって回収されたのかを識別できる変数を，データセットの段階で加えておき，分析のなかで方法による差が生じていないかどうかを確認するとよい．

第4章 対象標本の設定

4.1 対象を決める

　第1章で述べたように，目的に応じて誰にきくかを決めなければならない．「100人に聞きました」と大勢にききさえすればいいわけではない．同じ100人でも，繁華街の駅前で手当たり次第に声をかけて集めたのと，住宅街で知り合いに依頼したのとでは，回答は大きく異なってくる．目的に応じた対象を設定することが，調査の成功の鍵を握る．

　この，ききたい相手の集合体を**母集団**という．調査を企画する時，事前に母集団を設定しておくことを忘れてはならない．母集団を設定しなければ調査など始まらないはずだが，実際には，とりあえず調べてみましょうと手当たり次第に調査票を配る調査もなされている．だが，そうした調査では，いくらデータが得られても，そのデータを提供した母体の属性がまったくわからないため，分析結果を解釈することができない．たとえば，自分の所属する大学の学生生活の実態を知りたいからといって，大学の門前と学生食堂で調査票を配って協力してもらうと，データ自体は集まるが，そのデータがどんな学生のものかはわからない．おそらく，大学への出校率が高いまじめな学生で，頼まれたら断れない性格の人が回答していることが多いだろうが，それを確かめる術がない．せめて門前のどの時間帯で何人に依頼して，その結果，何人に協力してもらえたかがわかるようにしておかなければ，せっかく得られたデータが無用の長物になってしまう．

4.2 母集団の設定

ききたいことに応じてききたい相手が決まる．大学生の生活調査であれば，全国の全大学の在学生が調査したい相手になる．私立大学生の生活調査であれば，全国の私立大学の在学生が調査対象となる．もしある1大学の学生生活を知りたいのであれば，その大学の在学生全員が対象となる．こうした調査の対象となる集団が**母集団**である．

先にあげた＜労働力調査＞や＜就業構造基本調査＞は，労働の状態を調べたいので，15歳以上の全国民を対象としている．15歳未満は義務教育年齢以下にあたるので，労働していないはずだからである．同様に，選挙行動を調べたいのであれば，18歳以上の有権者が対象になる．小学生の食生活が知りたいのであれば，対象は小学生に限定される．

こうした限定は，年齢だけでなく，性別，婚姻上の地位，職業の有無などのなんらかの属性によって行われることもある．目的によっては女性だけ，結婚していない人だけ，仕事についている人だけに絞ることができる．結婚の希望や見込みは，すでに結婚している人にそのままきいても意味はなく，未婚者に限定する必要がある．現在の就労時間や職場の状況も，働いていない人を除いてたずねる必要がある．

また，地域を限定することもある．都市部に居住している人びとのことを知りたいのであれば，たとえば首都圏在住者にするとか，東京23区内在住者に限定する方法をとることができる．実際に，昭和初期を中心に活発な研究を展開した農村社会学では，フィールドとして1つの村に限定し，その村全体を対象とする調査を繰り返してきた．

こうした限定は，調査のねらいに沿って行われるが，実際には費用の制約も考慮に入れて設定される．経費やかけられる時間と労力が限られる場合，全国と銘打って実際にはごく一部の地域でしか調査を実施しな

いより，当初から限定した地域を設定し，その地域の特性をふまえて考察を進める方が生産的であろう．また，平日の昼間に住宅街をまわる調査しかできないのであれば，男性より女性に限定した方が成果を見込むことができよう．

4.3 標本の設定

ききたい相手を設定したのだから，実際にその相手に調査を依頼できるかというと，それができないことが多い．全国の大学生を母集団に設定したからといって，全国の全学生に調査できるような予算はおそらくどこにもない．その場合，全国の大学のうちのいくつかを選べばいい．＜労働力調査＞も＜就業構造基本調査＞も，該当する年齢の全国民に調査票を配布はしていない．ごく一部を選んでその人びとに依頼している．マスコミが番組編成や予算獲得の根拠として神聖視といえるほど重視している視聴率も，全国の全世帯の TV 視聴をもれなく調べているわけではない．実際は，ごく少数の世帯を選んで機械を設置して調べている．

調査の理念的な対象を**母集団**とよぶのに対して，実際に調査を依頼する対象を**標本**とよぶ．母集団と標本が一致する，すなわち，ききたい相手集団の全員に調査を行う場合と，そうではない場合がある．前者を**全数調査**あるいは**悉皆調査**という．国勢調査は全数調査の代表である．ほかに，1村の全戸を調査するケース，1社の全社員に調査するケースなども全数調査である．

一方，母集団と標本が一致しない，すなわち，母集団の一部を選んで標本とし，その標本に対して調査を行うことを**標本調査**という．全国の一定年齢の人びとを母集団としながらも，そのうちの100分の1を選んで標本とする場合や，東京23区内の500軒に1軒を選んで標本とす

る場合などである．

　ききたい相手集団があるのならその全員にきくのが望ましいように一見思われるが，通常は実現不可能なことが多い．第一に，相手集団の規模が大きい場合，全数調査では経費も時間も莫大にかかりすぎる．結果が得られるまでに時間がかかりすぎて，調査関心に適切にこたえられないことにもなりかねない．とくに全国規模の調査の要請は数多いが，それをすべて全国民に実施していては，国民の側まで疲弊してしまうであろう．また，予算や実施体制からいって，全国規模の調査は政府以外にはほぼ実施不可能になってしまう．これでは，適切な情報を国民が入手できる機会まで制約されてしまうことになる．第二には，正確な標本調査が実施されれば，その結果から母集団全体のことを十分正確に推定できる．第6章で扱うように無作為に標本が抽出されれば，得られた標本をてがかりにして，もとの母集団全体のことを知ることができるので，必ずしも全数調査にこだわる必要はない．誤差に着目すると，むしろ標本調査の方が正確に母集団の特性を推定できる可能性があるともいえる．また，センサスが公表されているので，そうしたセンサスと比較することにより，標本調査の結果の精度を確かめることもできる．

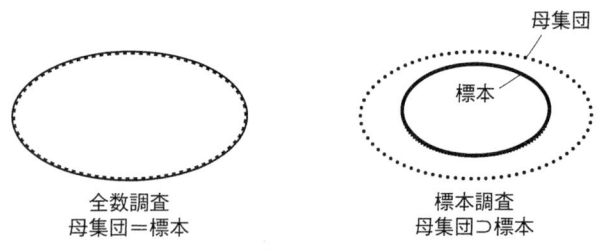

全数調査
母集団＝標本

標本調査
母集団⊃標本

図3　全数調査と標本調査

第5章 標本の抽出

5.1 標本は母集団の代替

　標本調査の場合，母集団から標本を抜き出す作業が必要になる．この手続きを**標本抽出（サンプリング）**という．抽出された標本に調査を行うが，実際には標本のすべてから回答が得られるわけではない．調査を実施するために抽出した標本は**設定標本**，回答が得られた標本は**回収標本**とよび分けられる．

　標本調査では，標本から得られた結果を用いて，母集団の動向を検討することになる．知りたいのはあくまで母集団のことであり，そのための方法として標本を用いるという原則を忘れてはならない．

図4　母集団と標本の関係

　標本は母集団を知るための手がかりであるから，標本と母集団との差がない方がよい．標本は単純に母集団の規模を小さくしたもの，母集団を均等に分散させたときの一部でなければならない．逆にいうと，母集団のなかの偏りのある一部であってはならない．たとえば，職場やサークル等のある集団の意見をききたいとき，その集団の全員にきくことができないのであれば，全員と同等の一部を抜き出して調べる．上司だけ

とか親しい仲間だけにきいたのでは，集団の意見を調べたことにはならない．「お風呂のお湯」にたとえれば，上の方の熱いお湯だけすくってもお風呂の温度はわからない．よくかき混ぜて全体の温度を一定にしてから一杯分をすくえば，そのお風呂の温度がわかる．

標本が母集団の代替となっていることを**代表性**があると表現する．標本調査の質を評価する際，代表性があるかどうかは重要な視点となる．全国規模の標本調査では，得られたデータの標本分布を確認し，センサス等と比較して誤差を確認する．

5.2 無作為抽出と有意抽出

標本抽出は，**無作為抽出**と**有意抽出**とに大別される．

無作為抽出は，**ランダムサンプリング**ともいい，作為を排除して行う標本抽出の方法である．日常用語のランダムは偶然にまかせることを意味しているが，標本抽出におけるランダムでは，偶然性をも排除する．なぜなら，無作為抽出では，母集団に属する一つひとつの単位が標本に選ばれる確率がまったく同等である状態において，まったく無作為に選び出されなければならないからである．それゆえ，選ばれる確率がそれぞれ同一になる状態と，無作為である選び出しの過程を慎重につくりださなければならない．単に作為をしないことではなく，人為的に作為を排除することになる．たとえば，くじ引きを本当の意味での無作為に行うためには，引く前の複数の当たりくじやはずれくじは，まったく同じ状態で混在させておかなければならない．重さや形状が異なるくじが入っていると，それぞれが選び出される確率は同一ではないので，正確な意味での無作為にならないからである．選び出す過程においても同等であるが，詳細は次の第6章で紹介しよう．

日常生活では偶然は人の選択の余地が入らない状態の意味で用いられ

るが，この偶然にも，なんらかの自然の摂理や，意図せざる意思や希望が混入してしまうものである．逆にいえば，人為的に無作為状態をつくり出していなければ，のこりはすべて，なんらかの作為ということになる．無作為抽出ではない方法，すなわち，作為を排除せずに行うサンプリングを有意抽出とよぶ．

5.3 有意抽出という方法

標本は母集団の縮小版であることを求められるので，まずは母集団から無作為に選ぶ方法が優先されがちであるが，有意抽出の方が適している場合もある．

たとえば，離婚経験者に調査をしたい場合，離婚経験者を網羅した名簿はないので，厳密な意味での無作為抽出は不可能である．無作為に対象者を選んでそのなかから離婚経験者を探せば，ある程度の無作為性は確保されるように思われるかもしれないが，離婚の発生率からいって，費用が膨大にかかる割に調べたい相手にはたどり着かない．さらに，離婚経験を隠して調査を逃れる人は多々出てくるだろうから，探し出された離婚経験者にはやはりゆがみがともなう．この場合など，厳密な無作為性より，離婚経験者という対象者の確保を優先した方がいい．

標本の抽出は，なによりも調査の目的にふさわしい方法がのぞましい．離婚経験者からさまざまな体験談をききたいというのであれば，自分の離婚経験について積極的に話してくれそうな離婚経験者の集団や，彼らが集まる会合に協力を依頼する方法が考えられる．離婚経験を詳しく根掘り葉掘りききたいのなら，最初からそれに答えてくれそうな人に限定しておいた方がいい．

よく活用される有意抽出の方法として，①典型の選定，②標準事例の選定，③縁故による選定，の3つがあげられる．①典型法は，調べたい

対象のうちのいずれかを,典型として選びだす方法である.たとえば,小学生をもつ親の意識を調べたいが,全小学校の全生徒に調査するだけの予算や人手がない時,ある1つか2つの小学校を選び出してそこで調査協力を依頼する.選び出された小学校は,全小学校の典型として位置づけられていることになる.同じ調査で全国の多様な都市規模ごとの特徴に関心があるが全国規模で調査ができない場合,大都市域として東京の1校,中規模都市としてさいたま市の1校,町村地域として○○郡の1校を選ぶという方法もありうる.

いずれかを選び出す過程で,②標準的といえる対象を選び出す方法も考えられる.上記の小学校の調査の例でいえば,大都市域の小学校を児童数によって大規模校,中規模校,小規模校に分類し,それぞれから1校ずつ選び出す.親の意識を調べるという調査意図に照らすと,住宅街,商業地域などで小学校を分けた方がより適しているかもしれない.

③縁故による選定は,調査側がもともと知っていたり紹介を受けた相手に協力を依頼する方法である.明らかに標本の選定として客観的ではないが,事情によってはこの方法が適していることもある.先の離婚経験者の調査のように対象の確保が難しい場合など,おそらく離婚に関心を寄せてきた調査側がそれまでの研究活動のなかで懇意になった団体や組織に協力を依頼することは,十分に有効な方法である.1つの村組織や町内会組織で調査を行う場合にも,まずは組織の有力者に紹介してもらった人から協力をお願いしていくのは順当なやり方である.先の小学校調査の例でいえば,典型として選ぶのであれ標準事例として選ぶのであれ,最後の選び出す段階では,調査本部に近い,校長をよく知っている,教育委員会とつながりがある等の事情を活かして,もっともスムーズに協力をとりつけられそうな学校を選ぶことになる.

実際には,以上の3つに限らず多様な方法が考えられる.目的にあった方法を考え,費用などの実現可能性も加味して工夫していくしかない.

第6章 無作為抽出の方法

6.1 抽出のためには

　代表性のある標本を抽出するためには，母集団をとらえた台帳を用意して，そこから選び出す作業を行う．この標本抽出に用いる台帳を**標本抽出台帳**とよぶ．ある会社の社員調査であれば全社員の名簿，ある大学の学生調査であれば在学生の名簿が抽出台帳になる．

　では，全国規模で標本調査を行う場合，標本抽出台帳として何を用いるとよいだろうか．全国の在住者が掲載されている名簿といえば，戸籍，住民票があげられる．戸籍は日本人として登録された名簿にあたり，在住者ではなく国籍保有者に限られる．また，そこに登録された住所は実際とは異なる場合が多いので，調査には適さない．もっとも標準的に用いられるのが住民票，すなわち住民基本台帳である．ほかに，選挙人名簿，電話帳，町内会名簿，住宅地図，民間会社が所有する名簿，行政体の名簿なども抽出台帳の候補としてあげられよう．

　近年，プライバシー意識の高まりに応じて，住民基本台帳の閲覧は厳しく制限される傾向にある．代わって用いられるのが選挙人名簿だが，これに記載されているのは選挙権のある18歳以上の国民に限定されるし，選挙実施時期には閲覧できない．また，住民票と同じく閲覧は制約される傾向にある．ほかに電話帳や住宅地図などの活用が図られてはいるが，住民を網羅した台帳ではないゆえ，正確な標本抽出にはならない．プライバシーを重視するのは当然のことだが，むやみに閲覧が制約

されると，正確な標本抽出が不可能になる．社会調査の意義が広く認められ受け入れられるような社会環境の整備が急務となっている．

6.2 無作為抽出の方法

無作為抽出は，標本の一つひとつが選び出される確率が等しい方法である．そのための方法として以下の5つがあげられる．

① **単純無作為法**は，発生させた乱数にしたがって抽出する方法である．過去には乱数表を利用していたが，近年はコンピュータで乱数を発生させるソフトを用いる場合が多い．「ビンゴゲーム」も単純無作為に数を選んでいる一例になる．

② **系統抽出法**は，最初の標本だけは乱数を発生させて選び，2番目以降は標本抽出台帳から等間隔で機械的に抽出する方法である．たとえば最初に7という数を選んで100分の1の割合で抽出するのであれば，7，107，207，307・・・番目の標本を抜き出していく．

　乱数にしたがうにせよ等間隔にせよ，抽出間隔が広くて抽出人数が多い場合，台帳から一つひとつ数を数えて抜き出すのは現実的ではない．そこで用いられるのが次の3つの方法である．

③ **多段抽出法**は，複次抽出法ともいい，一段階目の抽出，二段階目の抽出・・・といくつかの段階を経て抽出する方法である．たとえば，北海道全域を対象とし1,000人に1人ずつ選ぶ場合，全域の標本台帳を集めて全員に番号をふって数えること自体が膨大な作業になってしまう．そこで，たとえば次のような三段階の抽出法が採られる．まず一段目として市町村名のリストから市町村をランダムに選び出し，二段目として選ばれた市町村の中から大字，町丁目など

をランダムに選び出し,さらに三段目として選び出した大字ないしは町丁目に住む人を系統抽出する.こうすれば,標本抽出作業は選び出した地区のみの台帳を用いてできるし,実際に訪問調査ともなれば,広域をめぐることなく選び出した地区のみで実施できる.ただし,この方法は厳密には無作為になっていない.そこでとられるのが次の確率比例抽出法である.

④ **確率比例抽出法**は,全体から複数の地点を抽出する段階において,単純に系統抽出するのではなく,人口規模に応じて市町村や字,選挙区等の地点を選ぶ方法である.たとえば,東京 23 区内の住民調査をするときに,各区から 1,000 人ずつ選び出すのではなく,各区の人口規模に応じて◯区からは◯地点,△区からは△地点・・・と選んだ上で,各地点から同数の標本をランダムにサンプリングする.

⑤ **層化抽出法**は,母集団をいくつかの部分に分けて層化し,その各層から層の代表性を考慮して選ぶ方法である.その典型例を以下で紹介しよう.

6.3 典型的な層化 2 段抽出法

層化 2 段抽出は,大規模な調査においてもっともよく使われている抽出方法である.実際に＜第 2 回全国家族調査(NFRJ03)＞で採用された方法を説明しよう.NFRJ03 は,日本国内に居住する 1926〜1975 年生まれの日本国民を母集団とし,10,000 人を層化 2 段無作為抽出法によって抽出した.台帳は住民基本台帳ないしは選挙人名簿である.

まず,第 1 次の抽出として,以下の手順で調査すべき地点を抽出した.
手順 1 全国の 47 都道府県のそれぞれについて,①政令指定市と東京

表2 層別計画標本の例

都道府県	市町村の分類				計
	14大都市*	人口10万以上の市	人口10万未満の市	町村	
北海道	147 (8)	134 (7)	71 (4)	103 (6)	455 (25)
青森県		57 (3)	20 (1)	42 (3)	119 (7)
岩手県		22 (2)	46 (3)	43 (3)	111 (8)
宮城県	76 (4)	9 (1)	34 (2)	62 (4)	181 (11)
秋田県		25 (2)	28 (2)	42 (3)	95 (7)
山形県		27 (2)	42 (3)	27 (2)	96 (7)
福島県		85 (5)	21 (2)	57 (3)	163 (10)
茨城県		71 (4)	70 (4)	92 (5)	233 (13)
栃木県		60 (3)	43 (3)	53 (3)	156 (9)
群馬県		71 (4)	26 (2)	61 (4)	158 (10)
埼玉県	83 (5)	272 (14)	126 (7)	75 (4)	556 (30)
千葉県	72 (4)	273 (14)	85 (5)	49 (3)	479 (26)
東京都	665 (34)	254 (13)	50 (3)	9 (1)	978 (51)
神奈川県	383 (20)	250 (13)	27 (2)	31 (2)	691 (37)
新潟県		66 (4)	63 (4)	64 (4)	193 (12)
富山県		39 (2)	23 (2)	27 (2)	89 (6)
石川県		43 (3)	20 (1)	29 (2)	92 (6)
福井県		19 (1)	23 (2)	21 (2)	63 (5)
山梨県		15 (1)	22 (2)	32 (2)	69 (5)
長野県		61 (4)	51 (3)	59 (3)	171 (10)
岐阜県		62 (4)	55 (3)	47 (3)	164 (10)
静岡県		176 (9)	58 (3)	65 (4)	299 (16)
愛知県	169 (9)	202 (11)	94 (5)	85 (5)	550 (30)
三重県		68 (4)	34 (2)	44 (3)	146 (9)
滋賀県		39 (2)	22 (2)	41 (3)	102 (7)
京都府	109 (6)	15 (1)	52 (3)	25 (2)	201 (12)
大阪府	202 (11)	405 (21)	69 (4)	18 (1)	694 (37)
兵庫県	118 (6)	208 (11)	52 (3)	61 (4)	439 (24)
奈良県		48 (3)	34 (2)	32 (2)	114 (7)
和歌山県		31 (2)	21 (2)	33 (2)	85 (6)
鳥取県		21 (2)	9 (1)	17 (1)	47 (4)
島根県		11 (1)	23 (2)	24 (2)	58 (5)
岡山県		82 (5)	30 (2)	40 (2)	152 (9)
広島県	87 (5)	57 (3)	36 (2)	44 (3)	224 (13)
山口県		74 (4)	22 (2)	25 (2)	121 (8)
徳島県		21 (2)	13 (1)	31 (2)	65 (5)
香川県		26 (2)	25 (2)	30 (2)	81 (6)
愛媛県		56 (3)	28 (2)	33 (2)	117 (7)
高知県		26 (2)	18 (1)	20 (1)	64 (4)
福岡県	180 (9)	37 (2)	84 (5)	85 (5)	386 (21)
佐賀県		12 (1)	22 (2)	32 (2)	66 (5)
長崎県		51 (3)	22 (2)	43 (3)	116 (8)
熊本県		58 (3)	25 (2)	59 (3)	142 (8)
大分県		44 (3)	27 (2)	25 (2)	96 (7)
宮崎県		44 (3)	18 (1)	29 (2)	91 (6)
鹿児島県		41 (3)	37 (2)	58 (3)	136 (8)
沖縄県		39 (2)	29 (2)	28 (2)	96 (6)
合計	2,291 (121)	3,807 (214)	1,850 (119)	2,052 (129)	10,000 (583)

注:抽出人数 (地点数) を示す. *: 政令指定市と東京都特別区部.

都特別区部, ②人口 10 万以上の市, ③人口 10 万未満の市, ④町村, という 4 種類の地域に分類して, 計 153 の「層」を得た.

手順 2 推計人口に基づいて, 各層から抽出すべき人数を割り当てた.

手順 3 1 地点からおよそ 19 名を抽出できるように, 各層から抽出すべき地点数を割り当てた. 結果として, 583 地点を抽出することになった.

手順 4 各層から, 国勢調査で使用される「基本単位区」を利用して, 基本単位区を, その層に割り当てられた地点数だけ抽出した. 153 の層のそれぞれの人口を抽出すべき地点数で割って抽出間隔を求め, 等間隔抽出によって, 当該番目の者がふくまれる基本単位区を抽出した.

次に, 第 2 次抽出として, 抽出された各地点の居住者の台帳 (住民基本台帳または選挙人名簿) によって, 割り当てられた人数を等間隔抽出法で抽出した. 具体的な抽出標本数の一覧は, 表 2 のとおりである.

6.4 現場での具体的な抽出方法

実際の調査の現場ではさまざまな制約から, 必ずしも上記のような正確な標本抽出ができているとは限らない.

住民基本台帳の閲覧が厳しく制約されるにしたがって現実に多くとられているのが, **エリアサンプリング**とよばれる方法である. これは, 抽出した地点に住宅地図を持った調査員がおもむき, その場でいずれかの家を起点として, たとえば 3 軒ごとに訪ねるといった方法である. 全国をほぼ網羅した住宅地図は市販されており, 近年では衛星写真を使った住宅地図の電子情報が活用されている. 標本抽出の手間をかけずに現場で対象世帯を抜き出すことができる利点はあるが, どうしても調査時に在宅で協力的な家をたずねてしまうことになりかねない. そうした欠点を補うために, 調査会社で住宅地図を使って事前に訪問先を指定すると

いう方法もとられている．

　また，訪問先の家にいた人を回答者にする方法もあるが，多様な性・世代の人を対象にしたい場合など，1軒目で20歳代の人に回答してもらったら2軒目ではそのほかの年代の人に依頼し，各年代の人を集めるという方法もある．事前に回答者の属性を分類しておいて，各分類に該当する回答者をうめていく方法である．これを**割当法**という．割当法はかつて先進的な標本抽出法としてもてはやされた時期もあったが，各属性に人を割り当てる段階は任意にまかされ作為性が混入するので，完全に無作為な方法とはいえない．

　調査現場で対象者を選ぶ方法として，道行く人にたずねる街頭インタビューや，会場から出てきた人に依頼する出口調査などもある．これらの方法では，対象とする母集団が設定されていないので，近代的な意味での標本抽出を行っているとはいえない．インターネットでの応募法も，対象母集団が設定されていないので，正確な標本調査とはいえない．

　電話調査の標本抽出についても注意を促しておく．電話帳を抽出台帳に使うとすると，対象はあくまで電話保有者に限られる．さらに，電話帳記載を拒否する者や携帯電話しかもっていない者もいるので，電話保有者を網羅できているわけでもない．そこで近年活用されているのが，第3章で紹介したRDD（ランダム・デジット・ダイヤリング）あるいはDTS（digital telephoning system）である．RDDで無作為に選び出した番号に電話し，20歳代の女性などあらかじめ設定していた対象に該当する人がいれば協力を依頼する．RDDでヒットした数が抽出数となり，設定した属性に該当する回答者を埋めていくという点で割当法に近い方法となっている．また，調査のたびにRDDで電話してヒットするのを待つのがわずらわしいため，各調査会社はいったんRDDで選び出した番号と回答してくれる者の属性を記録しておき，その名簿を調査でなんども用いるという対応もしている．

第7章 調査票のつくりかた：体裁と質問文

7.1 調査票の種類

調査票とは，質問文や回答選択肢などを記載した質問紙のことである．その際，調査者が被調査者に質問しながら回答を記入していく**他記式**と，被調査者が自分で記入する**自記式**とがある（第3章1.参照）．

調査票は紙に印刷されていることが多いが，ほかにコンピュータに入力されている場合もある．コンピュータを調査者が調査現場に持参し，コンピュータの画面を見ながら質問する方法である．これを**CA(コンピュータ・アシステッド)** とよぶ．合衆国ではかなり普及している方法だが，日本ではまだ十分に活用されている段階とはいえない．

また，質問から回答の選択肢まであらかじめ決められている調査票を，構造化されていると表現する．**構造化された調査票**による調査では，調査員はその調査票を読み上げる方式で調査を実施する．一方で，質問は決まっているが回答は対象者に自由に語ってもらう方式や，質問する項目はあらかじめ決まっているが質問の仕方は調査現場で適宜変更してもいい方式がある．その場合の調査票は，**半構造化**されたものという．さらに，話の内容や流れによって質問内容を臨機応変に変更していく，**構造化されていない**調査票を用いる方法もある．インタビューなどで活用されることが多い．

調査票が構造化されているほど，大勢の対象者に一律に調査を実施で

きる．一方，構造化されていないと，対象とする事象の奥深くまで接近することも場合によっては可能になるが，それには調査員の並々ならぬ技能が必要となる．構造化されていない方がむしろ，聞きたいことを明らかにしておくなどの事前準備はより周到になされるべきであろうし，そうでなければ意味のある調査はできない．

7.2 調査票の体裁

調査票の表紙の例を次頁に掲載した．表紙には，「〇〇調査」という調査名，調査実施の主体名（企画と実施が分かれている場合は両者），実施年月をまずは記載する．そして，抽出された地点の番号と，対象者を限定するための番号（匿名の対象者を調査のなかで識別するためのサンプル番号）を記載する欄も用意しておき，調査実施後に該当番号を記入する．同じく，調査員の氏名と調査票の点検者の氏名を記入する欄も設けておき，必要に応じて記入する．できれば，問い合わせ先も調査票の表紙部分に記載しておきたい．

性別や年齢，職業など対象者についての基礎的な質問は，調査票のなかでまとめて質問する．そうした質問群を**フェイスシート**とよぶ．フェイスシートは，簡単に答えられる基本的な事柄なので，調査票の最初に配置されることが多い．ただし，出生年や婚姻上の地位などの個人的な事柄になるので，調査の内容によっては，あえて調査票の最後に配置されることもある．フェイスシートの一例を図6にあげた．

7.3 質問文作成上の注意

質問文は，誰にも容易に理解できる明快なものでなければならない．表現が平易であっても，誰もが同じように理解できて回答しやすいとは

第7章 調査票のつくりかた：体裁と質問文　41

第1回○○についての全国調査

平成 20 年 1 月
（調査企画）　日本○○社会学会
（調査実施）　（株）○△調査社

支局番号	地点番号	対象番号	調　査　員	点　検　者
				(　　)

① ② ③ ④ ⑤ ⑥ ⑦

──［ご記入に際してのお願い］──
- ご記入は，鉛筆または黒・青のペン・ボールペンでお願いいたします．
- 質問番号順にお答えください．質問の中には，一部の方にだけおたずねするものもありますが，その場合は（→）等の指示にそってお願いいたします．
- お答えは，あてはまる回答についている数字を○印で囲んでいただく場合と，マスの中に数字を記入していただく場合があります．「その他」にあてはまる時は，その数字を○で囲み，（　　）内に具体的な内容を記入してください．
- お答えの中には，「昭和 30 年」といったように年号を記入していただく場合があります．元号（明治・大正・昭和・平成）の番号を○で囲み，□□内に数字を記入してください．
- 質問文の末尾に（○は 1 つ）という場合には 1 つだけ，（○はいくつでも）という場合にはいくつでも○印をつけてください．
- ご記入が終わりましたら，もう一度，記入まちがいや記入もれがないかどうかお確かめください．

- ご回答いただきました調査票は＿＿月＿＿日に私，＿＿＿＿＿＿＿＿＿＿がいただきにうかがいます．なにとぞ，それまでにご記入くださいますようお願いいたします．　　　　　　　　　⑧⑨⑩

■ まず，あなたご自身のことについておうかがいします．

問1　あなたの性別は……．　（○は 1 つだけ）
　　　　　　1　　　　　　　　2　　　　　　　　⑪
　　　　　男　性　　　　　　女　性

問2　あなたの生年月と年齢をご記入ください．（数字を記入してください）

　　昭和 □□ 年　□□ 月 生まれ　　現在 □□ 歳
　　　　⑫ ⑬　　　⑭ ⑮　　　　　　　　⑯ ⑰

注：①〜⑰の番号は，データ入力時のカラム番号である．

図5　調査票表紙の一例

【あなた自身についてお教え下さい.】

a 性別	1 男性　　　　　2 女性
b 年齢	現在 ☐ 歳　19 ☐ 年 ☐ 月出生
c 配偶関係	あなたは現在, 結婚されていますか. 1 未婚　2 既婚(配偶者あり・事実婚を含む)　3 離別・死別
d 子どもの有無	1 子どもあり→ ☐ 人　　　2 子どもなし
e 同居者の有無（○はいくつでも）	1 同居者はいない　2 配偶者　　　3 子ども 4 自分の親　　　　5 配偶者の親　6 自分の兄弟姉妹 7 祖父母　　　　　8 その他（　　　　　　）
f 生活上の主な収入の負担者	生活をする上での主な収入についてお答え下さい. （もっともあてはまるもの1つに○） 1 主に自分の収入で生活している 2 主に配偶者の収入で生活している 3 主に親の収入で生活している 4 その他（　　　　　　）
g あなたの年収 ＊平成19年分（賞与を含む, 税込み）でお答え下さい.	1 100万円未満　　　　　7 600〜700万円未満 2 100〜200万円未満　　8 700〜800万円未満 3 200〜300万円未満　　9 800〜900万円未満 4 300〜400万円未満　10 900〜1,000万円未満 5 400〜500万円未満　11 1,000万円以上 6 500〜600万円未満　12 収入なし
h 1週間の平均労働時間	あなたの1週間の平均労働時間（残業時間を含む. 休憩時間は除く）はどれくらいですか. 週平均 ☐ 時間くらい
i あなたの現在の居住地	☐ 都道府県

図6　調査票フェイスシートの一例

限らない．たとえば，「最近，映画をみましたか」という質問に対して，「最近」として「この1ヵ月ぐらい」を念頭に回答する者と「この1年ぐらい」を考える者が混在してしまっては，両者の回答を同じものとして扱うことはできない．「親御さんの職業を教えて下さい」という質問も，「親」が「父親」なのか「母親」なのか，「職業」が「現在就いている仕事」なのか，それとも「長く就いていた代表的な仕事」を答えた方がいいのか，いざ答えようとすると迷ってしまいかねない．質問文の表現は，回答者の立場にたって明確にしておく必要がある．

　誰もが回答できるように難解な表現は使わないように注意したい．経済学部の学生だけに行う調査ならある程度の経済用語も盛り込むことが可能だが，同じ表現を一般の人に用いるわけにはいかない．「学級崩壊は何に原因があると思いますか」や「OLになりたいですか」の「学級崩壊」や「OL」のような，なんらかの価値観を含むステレオタイプな表現も使ってはならない．用語が含意する価値観によって回答が左右されてしまうからである．

　明快にするためには，一文に2つ以上の論点を含んではいけない．「女性がタバコを吸ったりお酒を飲むことをどう思いますか」という質問に「よくないと思う」と回答してもらっても，「タバコを吸うこと」に反対なのか，「お酒を飲むこと」に反対なのか，あるいは，「タバコを吸ってお酒も飲む」ことに同意できないのか，結果を解釈することができない．「日本は米や牛肉の輸入自由化にもっと積極的になるべきだ」への賛否を問う場合なども同様である．このように2つの論点を含む**ダブルバーレル**は避けなければならない．

　また，人には「はい」と答える傾向（**イエス・テンダンシー**）がある．実際に「夏期休暇を過ごすとすれば山より海がよいですか」には44％が「はい（海がいい）」と答えたが，「夏期休暇を過ごすとすれば海より山がよいですか」に「いいえ（海がいい）」と答えたのは39％にとどまったと

いう．それゆえ，必ず「～だと思いますか，それとも思いませんか」「～に賛成ですか，それとも反対ですか」というたずね方をすべきである．

さらに，**誘導質問**をしないように細心の注意を払いたい．「最近，少年非行が問題になっていますが，あなたの実感として，こうした少年による重大な事件が以前に比べて増えていると思いますか，減っていると思いますか」（平成17年内閣府「少年犯罪に関する世論調査」）と聞かれたら，前段の「少年非行が問題になっている」に引きずられて，より多くの回答者が増えていると回答することになる．以下の例のように，複数の質問を重ねることにより，前の質問から後ろの質問へ**キャリーオーバー効果**が及ぶこともある．しかしながら現実には，下記の質問をしておいて，最後の「自衛隊は必要だと思う人〇〇％」という高い数値を世論調査の結果として紹介し流布することが行われている．結果の数値だけを見て現実を理解したとはいえないわけである．

例：問1 自衛隊が行う仕事に災害援助や民政協力（休病人の輸送や不発
　　　　弾の処理など）があることを知っていましたか．
　　問2 PKOの平和協力の意義・・・
　　問3 自衛隊はシビリアンコントロールによって守れていることは
　　　　知っていますか．
　　問4 自衛隊は，必要だと思いますか，必要ないと思いますか．

なお，調査の質問文や回答の選択肢は，すべてをオリジナルで作らなければならないわけではない．むしろ，関連する先行調査は調べ，信頼できる質問方式は借用した方がいい．新しい質問方式より，数多くの調査を経て洗練されてきた質問方式の方が信頼できるのはいうまでもない．また，他の調査でも使われている質問を採用すれば，結果を比較することもできる．ただし，借用した質問等の出典は報告書等で必ず明示しよう．日本の調査環境では，質問等の著作権が明確に確立されているわけではまだないが，無断引用は慎みたい．

第8章 調査票のつくりかた：回答の選択肢

8.1 回答方式の種類

　質問に対する回答の仕方は3つある．①被調査者が回答を自分の言葉で表現して記入する**自由回答式**と，②該当する数値を記入してもらう**数値記入式**と，③回答の仕方をあらかじめある一定の枠で用意しておき，被調査者には用意されたなかから選んでもらう**選択肢式**である．

　多数の標本に調査をする場合や，量的な分析を志向する場合，通常は数値記入式と選択肢式を採用する．一方，適切な選択肢をあらかじめ用意することが困難であったり，調査の意図がもともと問題発見的で，複雑な事象の全体像や因果関連をそっくり取り出すことを求めている場合などは，自由回答式を採ることが推奨される．

　選択肢式でも，下の例のように，一部に自由回答式を用いる方法もある．

> 例：1.同居　2.別居　3.その他（具体的に　　　　　）

8.2 選択肢の種類

　選択肢式でもっとも頻繁に用いられるのは，いくつかの回答を並べておいて，そこから選んでもらう方法である．なかでも，2つの回答のう

ちのどちらかを選ぶ**二者択一法**（はい／いいえ，賛成／反対，そう思う／思わないなど）と，いくつかの選択肢のなかから選ぶ**多肢選択法**がよく用いられる．

複数の選択肢を用意した多肢選択法では，「あてはまるものを1つだけ選んでください」と1つだけ選んで回答してもらう**単一回答（シングルアンサー・SA）方式**の場合と，「あてはまるものをいくつでも（すべて）選んでください」と2つ以上の回答を許容する場合とがある．後者は**複数回答（マルチアンサー・MA）**とよばれ，データ処理が前者とは異なってくる（第12章を参照）．また，複数を選ぶ場合，たとえば「3つ選んで」「3つまで選んで」「3つまで選んで順に記入して」のそれぞれで，えられる結果は異なってこよう．

ほかにも，多数の項目をいくつかのカテゴリーに分類させる**分類法**や，多数の項目に序列付けを求める**順位法（序列法）**がある．たとえば食べ物の好き嫌いを聞く方法として，分類法であれば，多種の食べ物を列挙して，好き／嫌い／どちらともいえない，の3種に分類させる．順位法であれば，もっとも好きな食べ物，2番目に好きな食べ物，3番目に好きな食べ物をそれぞれ該当欄に記入してもらう．

さらに，回答を一定の間隔をもった尺度として示し，被調査者にそのいずれかを選択させる**評定尺度法**が汎用されるが，この方法については8.4で詳しく取り上げる．

8.3 用　　　語

質問文だけでなく，回答の選択肢の言葉使いにも気を配りたい．たとえば独裁国家では，独裁者が偉大な指導者だと思うかどうかとたずねて，「絶対そう思う」「強くそう思う」「そう思う」「たぶんそう思う」「その他」という選択肢のなかから回答を選ばせることも行われている．こ

の回答をあわせてほぼ100％の国民が偉大な指導者と思っているという結果を導き出し，それが喧伝されるわけである．ダム建設支持派が，建設支持派1名と反対派3名を並べて，この4名のうちの誰を支持するかを問う世論調査なども巧妙な世論形成といえる．支持派は全員が1名に投票し，反対派の支持は3名に分散するので，結果として支持派の候補の集票率が高くなるからである．

　以上のことをふまえた上で，選択肢を作成する際に守るべき第一の鉄則は，相互排他的かつ網羅的な選択肢をそろえることである．選択肢が相互排他的であれば，回答にあたって，2つ以上の選択肢のどれに該当するかを迷うことがなく，容易に判断ができる．網羅的であれば，いずれかの選択肢を選ぶことができる．逆にいえば，該当する選択肢がない人が出現しない．たとえば，なんらかの行動をおこす頻度をたずねる場合，どんな人もいずれか1つを選ぶことができるような選択肢をそろえておく．

　第二の鉄則は，回答者が読んで，あるいは「見て」わかりやすいことである．平易に表現されていることはもちろん，選択肢が長すぎたり多すぎたりしないよう気をつけなければならない．選択肢の並べ方にも注意が必要である．通常は，先に目にする番号の早い選択肢が優先して選ばれる．最高裁判事の信任投票でも最初の人に印がつきやすいなど，順序効果があることをふまえておきたい．

　しかも，選択肢は分析のことも考えて設定しておくべきである．回答者のほとんどが同一の選択肢を選んでいて回答に差がないと，なにが差を生み出しているのかという次の分析課題に展開する可能性がなくなってしまう．統計分析にかけるのであれば，正規分布するよう選択肢を準備しておかなければならない．後述するプリテストなどであらかじめ回答に偏りが出ないことを確かめておくことも重要である．

8.4 尺度の作成

選択肢を尺度すなわちスケール（測度）として設定しておく方法がある（**評定尺度法**）．得られた回答は，数値変数と同じように分析することができる．尺度は以下の4点によって多様な形態をとりうる．

① 用語で提示するかスケールで提示するか

② 中間の選択肢を用意するか否か

③ いくつの選択肢を設定するか

④ 1以上，0以上，マイナスを含むなど，どのような数量に変換するか

① 用語で提示するかスケールで提示するか

　同じ選択肢でも，「1. まったくあてはまる」「2. まああてはまる」「3. どちらともいえない」「4. あまりあてはまらない」「5. まったくあてはまらない」と表現することもできれば，下記のようにスケールで提示して，もっともあてはまる場所に○をつけてもらうこともできる．

```
あてはまる                          あてはまらない
  |_____|_____|_____|_____|
```

② 中間の選択肢を用意するか否か

　「どちらともいえない」を意味する真ん中，中立の選択肢を含む場合と含まない場合がある．中間の選択肢を含めると，数列でいえば0を含むことになるので，強弱，高低などを示す尺度としての汎用性は高まる．一方で，中間の選択肢は容易に選ばれやすいため，回答が中間に偏るなど分散が小さくなり，データとしての扱い方が難しくなる可能性が大きい．

③ いくつの選択肢を設定するか

　2つ以上の選択肢が設定可能である．中間の選択肢を含む場合は，3，5，7・・・と奇数の選択肢，含まない場合は2，4，6・・・と偶数の選択肢から構成される場合が多い．選択肢の数があまり小さいと量的変数として扱いにくくなるが，多すぎると回答しにくくなる．

④ 1以上，0以上，マイナスを含むなど，どのような数量に変換するか

　たとえば3つの選択肢なら通常は，1・2・3点と，0・1・2点と－1，0，1点のいずれかに変換できる．どう変換するかは，選択肢の内容に依存する．「どちらかといえば賛成」「賛成」「強く賛成」なら1・2・3点，「賛成しない」「どちらかといえば賛成」「賛成」なら0・1・2点，「反対」「どちらともいえない」「賛成」なら－1・0・1点への変換が考えられる．

8.5　単一指標による測定と複数指標による測定

　調査では，1項目を1変数で測定する場合と，複数の変数を用いて1項目を測定する場合がありうる．複数の変数でたずねた結果は，合計したり，因子分析という方法で新しい因子得点という変数に加工するなどして分析に用いる．1つの概念や項目を1つの変数でたずねた方が調査後の処理が簡便なように思われるが，複雑な概念を1変数でとらえることは難しい．多くの変数を用意しておいた方が，安定した測定を行うことができる．また，その結果を検討して，たとえば分析に用いる変数を厳選する，変数に重み付けをするなど，洗練する余地が残される．しかしながら，あまり多くの変数を調査に含めると，調査票が膨大になっ

て対象者に負担をかけることになり,逆に結果の精度を低める恐れがある.調査拒否も誘発することになる.

　こうした変数の設定は,あくまで理論的に導出しておくべきものであり,その折に単一指標での測定と複数指標での測定を取捨選択すべきである.

第9章 調査の流れ

9.1 企画と予備的な調査

　調査全体の実施の進行手順をここでふりかえっておく．なんらかの社会的関心のもとで調査を企画するには，まずは関連する先行研究をサーベイして，本調査で明らかにしたい概念を設定し，仮説を構築する．本格的な調査に入る前のこの段階で，比較的小規模な標本を本調査と同等に抽出して，**予備的な調査**を行っておくとよい．予備的に行った調査の結果を分析して，本調査の課題や方法の適否についてあらかじめ検討を重ねておくことができる．あるいは，標本抽出までは行わずに，探索的な**パイロット調査**を実施してもよい．調査課題について事情に詳しい人に聞き取りを行ったり，対象に該当する人を数名探し出してきて調査してみるといった，あくまで試行錯誤的な下調べをして，調査対象について理解を深めておくのである．

　つづいて，仮説を検証できるような項目を含む調査票を作成する．誤字脱字がないかをしっかり確認した上でひとまずできあがった調査票は，本番で使う前にテストしておく．これを**プリテスト**という．いくら周到に用意したつもりでも，調査する側では気づきにくい点が多々ある．わかりにくい表現がないか，質問の順序が答えにくくないか，選択肢は十分に用意されているかなどをテストする．さらに重要なのは，その調査票でかかる時間を計測して目途をたてておくことである．

　プリテストを依頼する相手は調査の本対象とは別に確保する．身近な

人や頼みやすい人でいいが，できれば調査対象と同じ性別，年齢，属性の人にしておく方がいい．調査後に感想や意見を聴集し，その意見を反映して調査票の最終的な修正を行う．

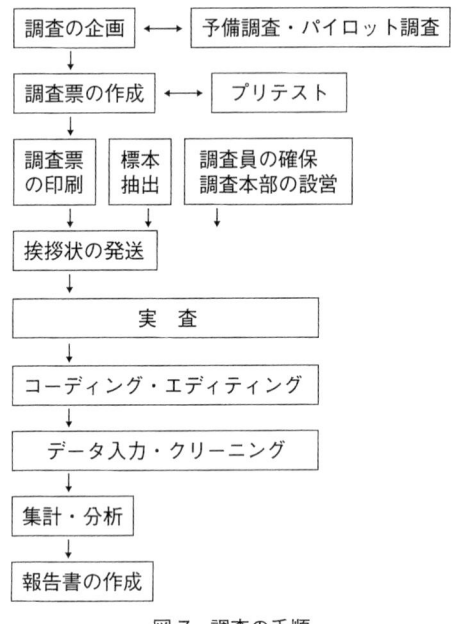

```
┌──────────────┐     ┌──────────────────────┐
│  調査の企画  │ ←→ │ 予備調査・パイロット調査 │
└──────┬───────┘     └──────────────────────┘
       ↓
┌──────────────┐     ┌──────────┐
│ 調査票の作成 │ ←→ │ プリテスト │
└──────┬───────┘     └──────────┘
       ↓
┌────────┐ ┌──────┐ ┌──────────────┐
│調査票の│ │標本  │ │調査員の確保  │
│ 印刷   │ │抽出  │ │調査本部の設営│
└───┬────┘ └──┬───┘ └──────┬───────┘
    ↓         ↓              ↓
┌──────────────┐
│ 挨拶状の発送 │
└──────┬───────┘
       ↓
┌──────────────────────────────┐
│          実　査              │
└──────────────┬───────────────┘
               ↓
┌──────────────────────────────┐
│   コーディング・エディティング   │
└──────────────┬───────────────┘
               ↓
┌──────────────────────────────┐
│   データ入力・クリーニング   │
└──────────────┬───────────────┘
               ↓
┌──────────────┐
│  集計・分析  │
└──────┬───────┘
       ↓
┌──────────────┐
│ 報告書の作成 │
└──────────────┘
```

図7　調査の手順

9.2　標本抽出の現場

調査票の完成と平行して，調査対象となる標本の確保を行う．標本抽出（サンプリング）である．

住民基本台帳を標本抽出の台帳として用いる場合，住民基本台帳が保管されている地方自治体にその閲覧を申し込む．住民基本台帳法により，調査関連で閲覧が許可されるのは「統計調査，世論調査，学術研究

その他の調査研究のうち，総務大臣が定める基準に照らして公益性が高いと認められるもの」に限定されている．また，申し込みならびに閲覧の方法は各自治体によって異なる．閲覧を希望する場合，所定の手続きに従って，申請者の身元や調査の趣旨，成果の活用方法などを明記した申請書や必要書類を提出する．申請が許諾されると，指定された日時と場所で閲覧が許可されるので，相当な時間的余裕をもってのぞむ必要がある．また，閲覧には費用もかかる．

9.3 実査に向けて

調査票が完成したら印刷作業に入る．印刷すべきものは，調査票のほかに，挨拶状，郵送の場合なら封筒，調査員が携帯するマニュアルなど複数ある．筆記具や地図などの必要な備品もそろえておく．

調査実施が近づいたら，調査員を確保し，調査本部を設営する．とりわけ面接調査の場合，調査員には事前の訓練が必要なので，その確保の方法には慎重にあたりたい．調査員を確保してから現地に連れて行く場合と，現地で調査員を確保する場合とがある．また，調査本部は通常は，調査を実施する現地にて設営する．調査本部は，実施にあたる調査員が相談したり，回収した調査票を持参してチェックする場になるだけでなく，対象者からの問い合わせの場にもなる．

あわせて，調査の実施期間も設定する．調査の実施時期は，あとで報告書に掲載する必須事項であり，実際にいつからいつまで実施したのか記録しておかなければならない．具体的な期間は，標本規模や方法によって異なる．現地に入ってフィールド調査を行う場合，現地に滞在できる短い期間が実施期間となる．大規模な面接調査なら2，3ヵ月かかる．郵送であれば，返送までにある程度の期間を設定することになる．また，調査の目的や標本の特性に応じた工夫も必要である．家庭を訪問

する調査で幅広い年齢層の人を対象にしているならば，ウィークディを避ける．対象が若い社会人であれば，盆正月や会社の決算期を避ける．冬より夏の方が非行が多いなどの「シーズナル・バイアス (seasonal bias)」も考慮しておきたい．

9.4 挨拶状の発送

調査は，調査する側と対象者との対話である．できれば事前に挨拶をしておくべきであろう．可能ならば現地調査の前に，調査への協力を依頼する挨拶状を送っておく．

この挨拶状には，調査の目的，実施主体名，訪問者の身元，訪問予定時期，疑問などの照会先を明記しておく．プライバシー保護や得られた成果の活用や報告の方法もあわせて明らかにしておく．

9.5 謝　　　礼

調査にはそれ相応の謝礼が支払われて当然であろう．謝礼として現金が渡されるケースもあるが，交通費の支払いやコンビニエンスストアでの支払いに使えるカードや図書カードがお礼として使われることが多い．通常は回答後に渡されるが，協力を促すために事前に渡される場合もある．

その金額は，回答にかかる時間によってほぼ決まってくる．謝礼の高さは協力への強い誘因になるが，逆に相場より高過ぎるために対象者に警戒されて拒否率が高くなる危険性もある．また，学生が行う調査では十分な謝礼を払う基金がないため，粗品程度しかお礼できないケースも少なくない．しかしながら，調査協力への謝礼は金額ではなく，データの活用（社会還元）にあることを強調しておきたい．

第10章 面接・留置調査と郵送調査の実際

10.1 面接調査の準備

　面接調査の場合，複数の調査員が対象者に会って情報を収集してくる．調査の現場で対象者に接するのは調査員であるから，調査員への訓練ないしはインストラクションは欠かせない．インストラクションの場において行うことは次の4つである．①調査の目的と方法を理解して，対象者に説明できるようになってもらう．なぜ自分が選ばれたのかという標本抽出に関する質問や，データの活用方法なども，対象者から聞かれてすぐに答えられるようにしておかなければならない．②実施マニュアルを配布し説明する．複数の調査員の誰であっても同じように調査が実施できるように，留守の場合の対応や対象者から質問があった場合の対応などをマニュアル化し徹底する．③諸注意と事務連絡を行う．持ち物，調査手順の確認，実施後の処理などの連絡がある．秘密の厳守や資料の保管方法，トラブル発生時の対応についても注意しておく．調査終了後のチェック事項も明示しておく．④さらに，必要に応じて，インストラクションの場で面接の訓練を実施する場合もある．

　面接調査の持ち物は，①調査票，②挨拶状，③謝礼，④対象者名簿，⑤手引き（マニュアル），⑥身分証，⑦現地の地図，⑧交通手段の案内図，⑨筆記用具，⑩メモ帳，⑪付箋，⑫不在票・調査不能票，⑬封筒と用箋，などがあげられる．

①調査票は，予備も含めて複数用意しておく．対象者と調査員がそれぞれ調査票を見ながら実施することも多いし，破損もありうるので多めに持参する．②挨拶状は，事前に郵送してあっても持参する．郵送したものと同じものを見せると，対象者からの信頼感を引き出すのに役立つ．視覚的に調査趣旨の説明を助ける意味も大きい．また，⑨筆記用具だけでなく，疑問点やあとで確認すべき点など気づいた事柄を記入するために，⑩メモ帳や⑪付箋も持参しておくとよい．

　⑫**不在票**は，対象者が不在の時に記入する用紙であり，調査の実施経過はこの不在票に記入して実施本部に届け出る．なお，対象者が不在だからといってそのまま帰るのではなく，⑬封筒と用箋を用いて手紙を残しておくのも有効である．「お伺いしましたがご不在のようですので帰ります．次は○○に伺いますので，是非よろしくお願いします」と書いておく．

　他にも，インタビューを録音するのであれば，⑭ICレコーダ等の録音機器を用意する．あわせて，電池などを予備分も含めて多めに持っていく．

10.2　面接調査の現場で

　訪問時は，忘れ物はないか，時間に遅れないかなどとあわせて，服装にも配慮が必要である．人種，性別，年齢など，面接員の特定の属性によって回答が変化する「属性的効果」も指摘されている．なによりも，対象者に恐怖感や不信感，不快感を与えてはならない．対象者との良好な関係（**ラポール**）を築くことが，調査を進める上で重要となる．

　対象者宅で協力が得られたら，まずは調査の目的や実施主体，プライバシーへの配慮や得られた成果の活用方法について説明する．調査は対象者のペースにあわせて，対象者への敬意をもって進める．なお，面接

の場合，他者の存在がデータをゆがめることがある．たとえば，上司が同席している場では「やめたい」とは言いにくくなる．配偶者がそばにいる場で夫婦関係についてたずねても同様である．同席している人が調査に割り込んで代わりに回答してしまうことも多い．失礼がないように気を配りながらも，同席者がいない場で調査を行うようにしたい．

調査の現場では，あらゆることが情報となる．あくまで調査への協力を依頼しているので，調査にかかわらないことは基本的にはしてはいけないが，装飾品に目を留めて対象者との話題の糸口にするのもいい．在宅の家族や飾ってある写真を見て対象者の家族状況を把握しておき，調査票への記入内容やインタビュー内容と齟齬がないか，気を配っておくのも有効である．先入観をもつのは禁物だが，五感を活用して得た情報をうまく活かして，内容の豊かな調査を実践したい．あわせて，調査が終了したらすぐ，対象者にお礼状を出すことを忘れてはならない．

10.3 留置調査の現場で

面接調査でも同じことだが，対象者宅を訪問する場合，対象者への配慮がなによりも優先される．当然，朝早い時間帯や逆に遅い時間帯の訪問は絶対にしてはならない．たとえ何度たずねても留守であっても，休日の朝早くにたずねることはできない．郵便受けに調査票を封入した封筒を投げいれる**ポスティング**も，同じく無礼だという意味ではできる限り避けたい．

何度たずねてもどうしても対象者に会えず，調査不能と判断せざるを得ないケースもある．その場合，ケースごとに不能理由などを**調査不能票**に記載して経過を本部に報告する．調査できなかった理由は，死亡，入院，転居，長期不在，短期不在，拒否のいずれかまでは把握しておきたい．この情報は，回収後の標本の代表性を検討するうえで欠かすこと

のできない重要なデータとなる．

10.4　郵送調査の現場で

　郵送調査の場合，挨拶状と調査票を同封で送ることが多い．その場合の手順は次のとおりである．まずは，①調査票と挨拶状を印刷して準備する．調査票ならびに挨拶状には，返送の締め切りを記載しておく．②返信先を印刷して返信用切手を貼った返信用封筒を用意する．③送付用封筒を別に用意し，送付先の宛名を記載して必要な切手を貼る．④調査票と挨拶状と返信用封筒を封入して投函する．送付ならびに返信には，条件に応じて料金別納や後納などを利用するとより便利である．

　郵送調査の返送締め切りは，郵便到着から3週間程度を見込む．締切までの期間が短すぎては対象者に失礼であるし，あまり長すぎても忘れられてしまいがちだからである．締切の期日が過ぎたら，督促ならびに礼状を送る．既述したように郵送調査では回収率が低く，督促が一定の効果をもつことがこれまでの調査で指摘されている．行き違いの場合には容赦願いたいと付記して督促を呼びかけ，同時にすでに協力してくれた人にはお礼を述べる．ほかにも郵送調査の回収率を上げるために，ダイレクトメールに間違えられないようにあて先を手書きにしたり，あえて別納ではなく1枚1枚に切手を貼ったりするなどの工夫を凝らしてもいいかもしれない．

第11章 調査票を回収したら

11.1 有効票の確認

　せっかく集めた情報は有効に活用したい．調査票が集まった段階で，まずは無効票をチェックし，分析に用いる有効票を確定する．ほとんど空白で記入されていない調査票や，回答がでたらめ，同じ回答ばかりといった調査票は，いくら回収されても，分析に使うことはできない．関係のない記述や回答が多かったり，調査への批判が強調されているなど，協力する気がないことが明らかで回答内容が信頼できない場合も，分析には含めない．あってはならないことだが，データの捏造，いわゆる**メイキング**も無効票としてこの時点で有効回収票から除外する．

　有効票に限定した段階で，有効票すべてに連番の**サンプル番号**をつけ，調査票表紙の該当欄に記入する．これ以降，回収標本はサンプル番号で識別される．

11.2 エディティング

　回収された調査票は，すべてをチェックし，必要な訂正作業を行う．この作業を**エディティング**という．対象者の回答を尊重するのが原則だが，明らかな誤記入はこの時点で修正する．ただし，調査員の加筆修正は朱字で行うなど，対象者の記入した部分と後からの訂正とが識別できるようにしておく．

具体的には次の作業になる．

① 記入漏れがないか：記入漏れはデータの欠損となってしまう．対象者が特定できている場合は，記入漏れを対象者に指摘して，その部分のみ再調査を依頼することもある．

　エディティングの時点で訂正しておきたい記入漏れのひとつが，親子質問のケースである．上位の親質問でたとえば「有」と答えた場合のみ，次の子質問に回答するよう指示されている時に，子質問のみに回答があるケースである．この場合，親質問への記入が漏れたものと判断し，親質問の回答を加筆する．

② 不完全不適切な回答がないか：複数の選択肢にまたがって○がつけられている場合や，正確には選択肢や尺度が設定されていない場所に○がつけられている場合，そのままではデータ化できない．そこで，対象者の回答を尊重する方向で訂正する．どうしても判断がつかない場合は，不明回答とするか，記入された可能性がある2つの選択肢の間で無作為にどちらかを選ぶことになる．後者の場合，確率を考慮する．データ入力を委託する場合はとくに，不明瞭な回答は誤入力を招きやすい．あくまで明瞭にしておく必要がある．

③ 間違って記入されていないか：質問が「もっともあてはまるもの1つを選んで」と単数回答を要請しているのに，複数の選択肢に○がつけられていた場合，そのままではデータ入力ができない．その回答を無効にするか，あるいは，回答された複数のなかから無作為に1つを選ぶ．

　また，「その他」の自由回答の記述内容をチェックしておく．「その他」は適切な選択肢が他にない場合に選ばれるべきものなので，自由回答の内容からふさわしい選択肢が他にあると判断されれば，「その他」を削除して変更する．たとえば職業分類などでは，回答者は「その他」としていても，適切な選択肢が他にある場合が多い．

④ 欄外や余白になにか記入されていないか：欄外に関係がない記述が多いと，回答の信頼性まで疑う必要があるが，一方で，欄外や余白への記入内容には有益な情報が多々含まれている．多くの場合，対象者は回答に迷って，欄外や余白に詳細な情報や，回答を補足する情報を記入している．回答内容をチェックするには，こうした情報はきわめて役に立つので，目配りが必要である．

11.3 データクリーニング

データのチェックならびに訂正作業を**データクリーニング**という．データクリーニングは，①エディティング段階でまずは行い，ついで②データ入力後の単純集計の段階で行う．さらに③データ分析をしながらもクリーニングを進めることになる．内容によっては，データ入力前のエディティングの段階で実施してしまった方がいいものと，入力されたデータをみてから実施したほうが便利なものとがある．

第一に，回答内容に整合性がない，論理的におかしい部分を洗い出す（論理チェック）．たとえば，以下のような事例がある．

- 現在1人暮らしと回答していながら，同居相手として配偶者をあげている
- 転職経験がないと答えながら，2回の就職経験を回答している
- 世帯年収が個人年収より少ない
- 初めてついた初職が大企業の管理職となっている
- 23歳で卒業しているのに最終学歴が中学（学卒年と学歴のずれ）
- 結婚年と結婚時年齢の回答があわない
- 父親の死亡後数年たってから生まれている
- 就職していないのに辞職している
- 結婚していないのに離婚している

第二に，誤記入をチェックして修正する．エディティングの段階よりデータ入力後の集計の時点でチェックしたほうがいい部分もある．

- 用意されていない選択肢が回答されていないか
  例：選択肢は1から4までなのに，「5」という回答がある
- 親子質問での回答数のずれがないか
  例：親質問に〇をつけたのは30人なのに，その下位質問には31人が回答している
- 異常な値がないか
  例：通勤に10時間，週200時間就労，午前1時に出勤

ほかにも多い間違いとして，

- 生活時間の24時間制と12時間制での記入
- 単位の間違い（万円と千円）

などがある．24時間制での記入を求めているのに「6時に帰宅」と回答があった場合，職種や業種，シフト制度等を確認した上で，必要であれば「18時」に修正する．「月収が1千万円」という回答があった場合も，単位を間違えたのか，月収と年収を取り違えたのかなど，あらゆる可能性を考えながらケースごとに判断して訂正する．

おかしいと思われる回答は，すべて調査票を点検し，必要な修正を行う．調査票に立ち返るのが基本であり，たとえデータ入力後であっても，常に調査票は手元において，対象者の回答を確認しながらデータの精度を高めていく．ただし，調査側の思い込みによる勝手な加工はくれぐれも慎むべきことを忘れてはならない．

第12章 調査票からデータへ

12.1 コーディング

　エディティングならびにクリーニングとあわせて実施する調査票回収後の作業のひとつが**コーディング**である．

　コーディングの第一は，自由回答に新しいコードを与える**アフターコード**作業である．記述のままでは統計的に処理することが困難なので，事後にその自由回答を選択肢に変換する．あらかじめ十分な選択肢が用意できずに自由回答式を採用する場合なども，こうした方法をとる．

　アフターコードを作成するには，まずは得られた自由回答に目を通し，回答をいくつかのタイプに分類する．分類作成にはKJ法等を参考にするとよい．作成した分類に適切なコード（選択肢）を付与し，各自由回答をその新しく作成したコードに置き換えていく．

　選択肢を回答者に選んでもらうと間違いが起こりやすい場合も，調査では自由に記述してもらって情報を集めておいて，回収後に専門家がコード化するほうがいい．たとえば職業の分類は複雑多岐で難しいので，国勢調査でも回答者の自由回答になっており，あとから専門の調査員がコード化している．

　コーディングの第二は，欠損値のコード化である．調査票には空欄になる部分が出てくるが，それには2種類ある．ひとつめは，回答が記入されなかった**無回答（NA; No Answer）**と，わからないので記入でき

なかったという**無回答（DK; Don't Know）**である．2つめは，質問に該当しないので回答を埋めていないという**非該当**である．たとえば，親子質問で親質問が「いいえ」であったら，子質問は答える必要がないので非該当になる．また，無職の人は，現在の仕事についての質問には答える必要がない．結婚していない人は，配偶者に関する質問は答えることができず，非該当となる．

無回答と非該当は，それぞれのコードをつけて識別して入力する．たとえば，無回答は9999，非該当は8888というように，調査票全体で一貫した番号をふっておく．データが1桁の欄の無回答は9，非該当は8，2桁の欄なら99と88・・・としてもよいが，既存の選択肢番号やありうる数値と重なることがないよう，くれぐれも注意しておかなければならない．このように無回答と非該当をあえて識別するのは，両者は異なる性質のものであり，その情報を活かすためである．

12.2 複数回答の処理

単数回答は1つの質問に1つの数値がそのデータとなる．しかしながら，複数回答の場合，調査票では1つの質問で複数の選択肢に同時に○がつけられる．選ばれる選択肢の数もさまざまである．これを統計的に処理できるデータとするには，複数回答を単数回答に変換しておく必要がある．たとえば，選択肢ごとに回答ありを1，回答なしを0に変換する．3つの選択肢の場合，3つの変数それぞれへの回答としてとらえなおし，すべて選ばれていたら111，真ん中の選択肢だけ選ばれていたら010に変換される．1つの回答欄が，1か0が入力された変数データ欄3つに変換されることになる．1と2に変換する場合もある．

12.3 データの入力

　以上の作業を経てから，得られた情報はコンピュータに入力されてデータ化される．データ入力は，エクセルやSPSS等の適切なソフトを用いて行われる．専門業者に委託してテキストデータとして入力する場合もある．

　いずれにしても，通常は1行に1人分の情報が，1列に1変数ずつ収められる．統計ソフトSPSSのデータ画面では，以下のようになる．

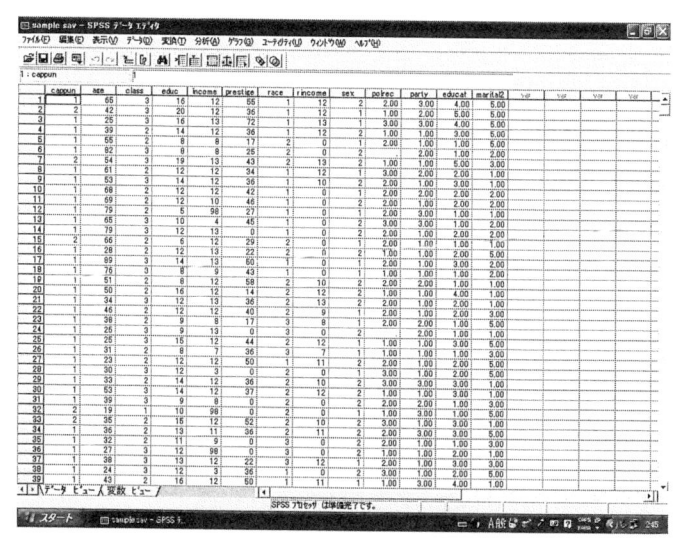

図8　SPSSのデータ入力画面

12.4 フィールドノーツとコードブックの作成

　アフターコードやデータクリーニングなどの作業の経過は，すべて記録を残しておくとよい．データを作成していく過程をフィールドノーツとして記録しておく．フィールドノーツは，質的なフィールド研究の分野で必ず作成する諸記録だが，量的な調査においても記録を残すことは重要である．あとあと作業過程を忘れてしまわないためにも，またデータが二次活用される時に誰でもデータ作成の過程を理解できるようにするためにも，面倒ではあるが，すべての記録を残しておくようにしたい．

　最終的にデータとして入力したものは，ほぼ番号に変換されている．その番号がそれぞれ何を意味しているかをあらわす最終的なコードブックも作成しておく．フィールドノーツやコードブックは，調査票とならび，調査の原資料として利用される．

第13章 回収率

13.1 回収率の報告

回収率とは,「回収された標本数／設定標本数 ×100」で算出される値である.すなわち,調査で調査票を配布したり協力を依頼したうちのどれほどの割合の相手から実際に情報を得ることができたかをあらわす数値である.たとえば,2,000人に調査を実施して1,000人から回答を得た場合には,1000 ／ 2000 × 100 ＝ 50.0 ％が回収率である.有効回収票のみを分子として算出する場合は,有効回収率ともいう.

回収率が高いほど,得られた回収標本と標本全体との誤差が小さくなるので,回収率は高いほうが調査の質がいいと一般には判断できる.すなわち,回収率は調査の質を判断する重要な情報源となるから,回収率は必ず報告書に明示する.既存の調査データを利用する場合でも,標本総数と有効回答数を必ず確かめてデータの質を検討しておく.ただし,本来は,地点の選別や予備サンプルの使用まで確認しないと,回収率さえあてにはならない点にも注意しておきたい.

回収率は郵送や面接など調査の方法によって異なることはすでに述べた.他にも,都市地域か農村地域かによって違いが生じるし,対象者の年齢層によっても異なる.関心がある人が対象になっている調査では回収率がきわめて高くなる.たとえば,懸賞に応募した人たちへの調査や,化粧品店の常連客に化粧品の使用テストをする場合などは,反応がきわめて良好である.また,調査する主体名にも左右されることが報

告されている．学生を相手に「○○大学○○研究室」名で調査したのと「△△社」名で調査したのでは，同じ調査でも回収率が大きく違ったという．

13.2　回収率の低下という問題

近年，社会調査を行う上で大きな問題になっているのが，この回収率の低下である．内閣府の＜社会意識に関する調査＞では1980年に調査不能は22.6％であったが，2000年には同じ調査で30.7％に達している．＜国民生活に関する世論調査＞でも1970年に調査不能は16.3％であったのが，1990年には23.7％になっている．国勢調査においてさえ，拒否率が高くなって，その意義に重大な疑義がつきつけられている昨今である．

苦心して標本抽出をしても，回収率が低ければ，得られた情報は偏ったものになってしまうかもしれない．回収率の低下は，標本規模の縮小に直結するばかりでなく，得られたデータが母集団を代表しているかという代表性の問題を喚起する．あわせてデータの信頼性の低下にもむすびつく．

13.3　回収率低下の原因

回収率が低下しているのはなぜか．①プライバシー意識の高まりがまずはあげられる．個人情報保護の意識が普及し，調査拒否に直結している．個人情報の漏洩からくる犯罪の報道も，調査への不安を喚起している．②住環境自体も，協力を拒否しやすいものに整備されてきている．住宅ではインターホンが普及し，集合住宅では防犯対策から玄関前に達することさえできない．③人びとの生活も，調査に協力しにくい方

向に変化してきている．誰もが多忙な生活を送る一方で，娯楽が多くなり，調査に割くことができる時間的な余裕は減る一方である．④また，関心が多様化して調査の意義に共感が得られないことも多く，さらに調査への無理解が加速している状況である．⑤一方で，標本抽出の近代化がすすんだがゆえに回収率が落ちている面も見逃せない．すなわち，はじめから協力的な人ばかりを選んで調査していたら，回収率はきわめて良好である．より正確な標本抽出の方法をとればとるほど，協力的とは限らない人が対象に含まれてくるので，回収率がかえって低下するのは否めない．⑥個人情報保護法の成立を受けて，標本抽出の台帳となる名簿類の非公開化はさらに進んでいる．標本抽出が難しくなるほど，そのなかで正確な標本抽出を心がければ，ある程度の回収率の低下は当然の帰結でもある．

13.4 回収率の低下を防ぐには

もちろん，だからといって回収率が低下してもいいというわけにはいかない．回収率の低下は調査実施の死活問題である．少しでも回収率を上げるために，面接調査の調査員の訓練をしたり，郵送調査で督促状を送ったり，さまざまな工夫が求められている．調査の現場で，調査の意義と手続きなどを説明し，対象者の不安をとりのぞくこともきわめて重要である（説明責任）．

調査倫理の確立・遵守につとめ，対象者に不安を与えない調査を実施することはいうまでもない．それとともに，データの社会還元をおこたらず，社会調査の社会的意義がひろく共有されるような社会環境を培っていかなければならない．

おわりに

　諸先輩方と比べればまだまだ少ないものの，これまで多くの調査にたずさわってきた．大勢で取り組む全国規模の調査もあれば，1人で実施した調査もある．専門会社に委託したものもあれば，自ら切手を貼ったりデータを入力したものもある．本書では，自身の経験や知識をふまえて，調査の現場で直面することになるさまざまな事柄について説明・紹介してきた．社会学の領域は幅広く，その多様な調査にも目を配って偏りのないように気をつけたつもりだが，やはり自らの関心領域の調査経験が色濃く反映されているかもしれない．各領域からのご批判をいただければ幸いである．

　学問が時代の影響のもとで進化し続けるように，調査のあり方も目覚しく変化を遂げつつある．プライバシーへの配慮や倫理問題はいうまでもなく，標本抽出や調査協力の環境，PCやインターネットの活用など大きく変わりつつある．本書で述べたことも，新たな動向や各方面からのご意見を受けて，今後さらに検討を重ねていきたい．社会調査という学問自体，複数の手になる協同作業を通じて発展していくものであろう．

　そしてもちろん，社会調査の営み自体もひとつの協同作業である．調査の対象となる人との出会い，一緒に調査を企画し作業をともにする人びととの出会い．調査をめぐる環境がたとえ大きく変わっていくとしても，調査が社会的な営みであることは変わらない．人とのつながり，そのつながりへの熱意を，多くの人とわかちあいながら，社会学にたずさわる1人としての営みをこれからも続けていきたい．

2008年3月

　　　　　　　　　　　　　　　　　　　　　　　　　西野理子

〈参考文献〉

平松貞実, 2006『社会調査で何が見えるか:歴史と実例による社会調査入門』新曜社

石川淳志・佐藤健二・山田一成, 1998『見えないものを見る力:社会調査という認識』八千代出版

小林修一・久保田滋・西野理子・西澤晃彦, 2005『テキスト社会調査』梓出版社

森岡清美, 1998『ガイドブック社会調査』日本評論社

大谷信介・木下栄二・後藤範章・小松洋・永野武編, 1999『社会調査へのアプローチ:理論と方法』ミネルヴァ書房

盛山和夫, 2004『社会調査入門』有斐閣ブックス

島崎哲彦, 2000『社会調査の実際:統計調査の方法とデータの分析』学文社

谷岡一郎, 2000『「社会調査」のウソ:リサーチ・リテラシーのすすめ』文藝春秋

早稲田社会学ブックレット出版企画について

社会主義思想を背景に社会再組織化を目指す学問の場として1903年に結成された早稲田社会学会は，戦時統制下で衰退を余儀なくされる．戦後日本の復興期に新たに自由な気風のもとで「早大社会学会」が設立され，戦後日本社会学の発展に貢献すべく希望をもってその活動を開始した．爾来，同学会は，戦後の急激な社会変動を経験するなかで，地道な実証研究，社会学理論研究の両面において，早稲田大学をはじめ多くの大学で活躍する社会学者を多数輩出してきた．1990年に，門戸を広げるべく，改めて「早稲田社会学会」という名称のもとに再組織されるが，その歴史は戦後に限定しても悠に半世紀を超える．

新世紀に入りほぼ10年を迎えようとする今日，社会の液状化，個人化，グローバリゼーションなど，社会の存立条件や社会学それ自体の枠組みについての根底からの問い直しを迫る事態が生じている一方，地道なデータ収集と分析に基づきつつ豊かな社会学的想像力を必要とする理論化作業，社会問題へのより実践的なかかわりへの要請も強まっている．

早稲田社会学ブックレットは，意欲的な取り組みを続ける早稲田社会学会の会員が中心となり，以上のような今日の社会学の現状と背景を見据え，「社会学のポテンシャル」「現代社会学のトピックス」「社会調査のリテラシー」の3つを柱として，今日の社会学についての斬新な観点を提示しつつ，社会学的なものの見方と研究方法，今後の課題などについて実践的な視点からわかりやすく解説することを目指すシリーズとして企画された．多くの大学生，行政，一般の人びとに広く読んでいただけるものとなることを念じている．

2008年2月10日

早稲田社会学ブックレット編集委員会

西野理子（にしのみちこ）1963年岐阜県生まれ．現職：東洋大学社会学部教授
　早稲田大学第一文学部人文専修卒業，早稲田大学大学院文学研究科社会学専攻博士課程単位取得退学　専攻：家族社会学，ライフコース論
　主な著書
　「三十代への移行：働くことの意味を探して，『失われた十年』を生きる」岩上真珠他編『変容する社会と社会学』学文社，2017.
　『よくわかる家族社会学』（共著）ミネルヴァ書房，2019.
　「家族をめぐる社会学」宇都宮京子・西澤晃彦編『よくわかる社会学　第3版』2020.

The Waseda Sociological Society
早稲田社会学ブックレット

社会学のポテンシャル 1〜12

定価（本体1300円＋税）
四六判　並製

1　日常生活の社会学　　　　　　　　　　（大久保 孝治）
2　ライフコースの社会学　　　　　　　　（嶋﨑 尚子）
3　対人コミュニケーションの社会学　　　（長田 攻一）

【以下続刊　タイトルは仮題】
4　知の社会学　　　　　　　　　　　　　（那須 壽）
5　社会学理論講義　　　　　　　　　　　（多田 治）
　　　――情報社会をタフにクールに生きる術
6　文化の社会学　　　　　　　　　　　　（長谷 正人）
7　地域・都市の社会学　　　　　　　　　（浦野 正樹）
8　家族社会学への誘い　　　　　　　　　（池岡 義孝）
9　組織の社会学への誘い　　　　　　　　（山田 真茂留）
10　現代社会の歴史社会学的とらえ方　　　（和田 修一）
11　集合行動論への誘い　　　　　　　　　（土屋 淳二）
12　グローバリゼーション社会学への誘い　（坂田 正顕）

The Waseda Sociological Society
早稲田社会学ブックレット

現代社会学のトピックス 1～

定価（本体1300円＋税）
四六判　並製

1　歴史教科書にみるアメリカ　　（岡本 智周）
　　―共生社会への道程

【以下続刊 タイトルは仮題】
- 結婚戦略と家族戦略　　（小島 宏）
- 少子化と家族政策　　（阿藤 誠）
- 労働, フリーター, NEET　　（入江 公康）
- 高等教育の社会学・入門　　（沖 清豪）
　―大学と社会との新しい関係
- ライフコース・プラニング　　（岩上 真珠）
- 自立と共立　　（濱口 晴彦）
- 地域情報化　　（小林 宏一）
　―その二十年の試みから見えてくること
- 地域空間における共同性と公共性　　（鳥越 晧之）
- リスクと保険　　（小幡 正敏）
- 生―権力, 医療, 身体　　（周藤 真也）
- 市民資料論序説―市民運動・市民活動資料の　　（道場 親信）
　保存と活用のために
- 開発と援助の社会学　　（大橋 正明）
- 人間社会回復のために　　（佐藤 慶幸）
- 現代社会と巡礼　　（坂田 正顕・長田 攻一）
- 消費社会と現代人の生活　　（矢部 謙太郎）
- 現代人と時間　　（伊藤 美登里）
- リスクと日常生活　　（柄本 三代子）
- 「人間は社会的動物である」を問い直す　　（正岡 寛司）
　―感情と儀礼の社会学
- ポスト・モダニティ：脱官僚制化／超官僚制化　　（和田 修一）
- タルド社会学入門　　（池田 祥英）

The Waseda Sociological Society
早稲田社会学ブックレット

社会調査のリテラシー 1〜10

定価（本体1000円＋税）
四六判　並製

1　社会をとらえるためのルール ―社会調査入門　　　（嶋﨑 尚子）
2　社会をはかるためのツール ―社会調査入門　　　　（西野 理子）
3　分布をみる・よむ・かく ―社会統計入門　　　　　（澤口 惠一）
4　部分を調べて全体を知る ―社会統計入門　　　　　（天野 　徹）
5　社会の「隠れた構造」を発見する ―データ解析入門　（池 周一郎）

【以下続刊　タイトルは仮題】
6　インタビュー・フィールドワーク・ドキュメンタリー　（大久保 孝治）
　　―質的調査法入門
7　社会調査の歴史をたどる　　　　　　　　　　　　（坂田 正顕）
8　データ共同利用・公開：世界のデータにアクセスしよう！　（嶋﨑 尚子）
　　―データ・アーカイブ入門
9　[最新分析技法シリーズ] 多変量解析　　　　　　　（篠崎 武久）
10　社会調査実習の実際 ―調査実習の事例　　　　　（池岡 義孝・嶋﨑 尚子）